新媒体视角下大学生思想政治教育创新探索

张　翔　马中力　著

延边大学出版社

图书在版编目（CIP）数据

新媒体视角下大学生思想政治教育创新探索 / 张翔，
马中力著. -- 延吉：延边大学出版社，2020.12
ISBN 978-7-230-00558-6

Ⅰ. ①新… Ⅱ. ①张… ②马… Ⅲ. ①大学生－思想
政治教育－研究－中国 Ⅳ. ①G641

中国版本图书馆 CIP 数据核字(2020)第 254633 号

新媒体视角下大学生思想政治教育创新探索

著　　者：张　翔　马中力
责任编辑：邵希芸
封面设计：延大兴业
出版发行：延边大学出版社
社　　址：吉林省延吉市公园路 977 号　　　邮　　编：133002
网　　址：http://www.ydcbs.com　　　　E-mail：ydcbs@ydcbs.com
电　　话：0433-2732435　　　　　　　传　　真：0433-2732434
制　　作：山东延大兴业文化传媒有限责任公司
印　　刷：延边延大兴业数码印务有限责任公司
开　　本：787×1092　1/16
印　　张：11.25
字　　数：155 千字
版　　次：2022 年 3 月 第 1 版
印　　次：2022 年 3 月 第 1 次印刷
书　　号：ISBN 978-7-230-00558-6

定价：50.00 元

作者简介

张翔，女，四川自贡人，中共党员，成都理工大学管理学学士（2000年），成都理工大学哲学硕士（2007年），现为贵州中医药大学马克思主义学院副教授。主要研究方向为"三农问题"与"思想政治教育教学实效性研究"。

马中力，女，讲师，国家二级心理咨询师，毕业于海南师范大学小学教育专业，就职于琼台师范学院，被评为海南省优秀辅导员、海南省暑期社会实践优秀指导教师，获全国高校辅导员年度人物入围奖。

前　言

　　新媒体让大学生更容易接受新思想、新教育，它改变了大学生的学习和生活习惯，为思政教育提供了新手段。同时，新媒体的出现也对传统的思政教育提出了新挑战。高校思政工作者要学会运用新媒体开展大学生思政教育。

　　大学生坚定正确的政治立场至关重要，作为社会主义接班人，大学生肩负重任。新媒体可以帮助并且引导大学生充分接受新思想、新教育，形成新理念，坚定正确的政治立场。因此，大学生可以通过新媒体平台，多学习和了解国家和党的相关政策、时事新闻，坚持中国共产党的领导，形成正确的政治立场。从高中过渡到大学，学习方式、教学途径的改变会让大学生有懈怠、放松的心理状态，他们只为了完成基本的学习任务，对于未来没有明确的目标和行动力。新媒体的出现不仅丰富了当代大学生思想政治教育的途径，也丰富了大学生的学习和生活。

　　传统的思政教学是通过书本以及报纸上的知识和新闻进行传授和讲解的。传统的思政教学具有一定的局限性：一方面书本知识具有滞后性；另一方面这种教学模式比较乏味，学生学习兴趣不高，动力不足，吸收的内容较少，这降低了大学思政教学的有效性。而新媒体的出现可以让思政教师和辅导员老师有效利用这一媒介，利用热点问题抛砖引玉，提高大学生的学习热情，提高大学生对于思政内容的吸收效率，同时在这一过程中帮助大学生树立正确的观念，提升大学生的综合素质。

新媒体的兴起不断冲击着传统教育模式的权威性。传统教育模式下教师作为教育教学的主体，学生被动地吸收知识。由于新媒体的出现，学生能够主动地获取时事政治消息和新闻要点，会更倾向于主动吸取知识，更倾向于做教育教学的主体。传统的思政教育的教育功能不断被削弱，思政教育工作者要有效利用新媒体，对于学生感兴趣的话题加以正确的引导，突出学生的教学主体地位，提高他们的思辨力以及综合素质，增强思政教育的效果。

目　录

第一章 新媒体时代大学生思想政治教育现状

新媒体的出现和发展使思想政治教育工作者面临着前所未有的机遇和挑战，如何对新环境下的思想政治教育工作进行创新，已经成为广大思想政治教育工作者所要面对的重要课题。本章主要介绍了新媒体时代下大学生思想政治教育的特征与优势、现状、面临的机遇与挑战，以及新媒体时代对大学生思想政治教育的新要求。

第一节 新媒体时代大学生思想政治教育的特征与优势

一、新媒体时代大学生思想政治教育的特征

新媒体时代下，智能手机的普及和互联网的迅猛发展影响着当代大学生的日常生活和学习。大学生作为新媒体时代的主力军，对新媒体的需求日益增长。在这样的大环境下，思想政治教育呈现了以下新特征：

（一）教育环境复杂化

新媒体打破了空间限制，拉近了世界的距离，给人们创造了良好的虚

拟交际环境，但是这也从一定程度上降低了人的人际交往能力。在这种环境的影响下，大学生的人际交往问题开始显现，如人格障碍、心理信任危机等，但新媒体也为大学生创造了情感宣泄和休闲娱乐的平台。在新媒体普及的当下，社会舆论的制约力和传统的高校思想政治教育方式已经无法控制新媒体带来的负面影响，导致思想政治教育的引导难度越来越大。

（二）教育主体特征明显

1.教师教学更加灵活

在新媒体的影响下，思想政治教育也产生了变化。教师为了取得更理想的教学效果，必须充分发挥自身的积极性和主动性，使教学具有灵活性。新媒体的出现，为大学生思想政治教育提供了新的思路。

2.满足了大学生的个性需求

在新媒体的影响下，庞大的信息资源涌入大学生的生活，迎合了大学生的个性需求。在传统的教育模式中，教师通常是单方面地向大学生灌输知识，而新媒体的出现，改变了教师的权威地位。新媒体弱化了特权等因素，使每个人都能够平等地与他人交流，打破了现实社会中所奉行的等级观念，促使人们对个体权利有了更清晰的认知。新媒体时代的教育模式打破了师生间的隔阂，拉近了师生距离，使大学生与教师处于平等地位，逐渐形成了教学效果更为显著的、以引导为主的教学方式。

（三）教育信息来源呈现立体化

政策、方针、理论是传统思想政治教育最重要的信息来源。在新媒体时代，这种信息来源单一且缺乏时代感和吸引力，已不能适应当下的教学环境，因此，借用新媒体教学可以帮助教育者和大学生及时掌握国内外经济、文化、政治等方面的信息，并通过互联网与他人进行交流。当前的信息沟通正在向立体化发展，其交流是跨越年龄、性别、种族、语言的，将思想政治教育与新媒体的优势融合在一起，形成了独特的教育优势。通过新媒体，学生能够更好地和社会进行沟通，不仅可以享受本校的学习资源，甚至还可以获取世界名校的教学资源。新媒体潜移默化地影响着当代大学生的价值观念和言行举止，赋予了其更为广阔的学习空间。

（四）思想政治手段多样化

在新媒体的推动下，传统的思想政治教育发生了巨大的改变。教育者必须采用更为多样性的教育手段来满足大学生的学习要求，从而实现知识共享，如充分利用新媒体的特征布置网络作业，组织学生进行课下网络讨论等。从教育者的角度来看，新媒体不仅能广泛地传播思想政治教育知识，还能降低教育者的教学、备课压力；从大学生的角度来看，新媒体能有效刺激学生的感官，加深大学生对知识的记忆和内化。

除此之外，互联网技术和传播手段的发展，使多媒体教学得到了广泛的应用，打破了传统的教育模式，改变了过去枯燥无味的知识灌输，营造了轻松、生动的教学环境。因此，思想政治教育工作者应充分发挥新媒体的优势，拓展新教育平台和教学方式，将新媒体与当前思想政治主张相融合。

二、新媒体时代大学生思想政治教育的优势

（一）拓宽了思想政治教育的平台

新媒体打破了时空的限制，使师生之间的互动变得十分频繁且具有及时性和实效性。教师和学生实现了平等的互动和交流，通过各种网络互动平台（如微信、微博、QQ 等），有效地拓展了思想政治教育的平台，形成

了一种新式的交流空间。

（二）丰富了思想政治教育的内容

从客观的角度来看，新媒体丰富了思想政治教育的内容和社会、学校、家庭三位一体的教育方式。为了适应当代大学生思想的发展特点，教师借助新媒体还拓展了网络教育和学生自我教育等新的教育方式，并且能够根据实际情况对教育内容做出合理的调整。

（三）增强了思想政治教育的自主性和实效性

新媒体本身具有信息选择的自主性和信息传播的时效性，使得思想政治教育的主客体在利用这种媒介进行沟通时也具备了这一显著特点。新媒体时代的思想政治教育要求从以往的教导型向引导型转变，大学生通过网络获得资讯的机会越大，其所选择的空间越大，形成价值观的可控性越低，这就要求教育者必须发挥引导、示范的作用，把握大学生成长的心理规律，有针对性地做好思想政治教育工作。

第二节　新媒体时代大学生思想政治教育的现状分析

一、新媒体时代大学生思想政治教育的宏观现状

整体来看，关于大学生思想政治教育载体方面的研究已经有了很大的进展，但是也存在一些问题，具体如下：

首先，大学生思想政治教育载体在我国起步较晚。在国内，有关大学生思想政治教育载体的相关研究最初出现于 20 世纪 90 年代初期，而有

关大学生思想政治教育载体的专著教材在 20 世纪 90 年代末期才出现。而从 20 世纪 80 年代末开始，美国就尝试通过各种教育手段来构建全新的大学生思想政治教育模式。美国高校更加重视大学生道德的培养，在高校开设了各种诚信教育课程、专业与道德课程，以此来提升学生的道德品质。在日本，大学生思想政治教育的主要内容是道德教育，从 20 世纪 80 年代开始，日本将思想政治教育的重点放在了爱国主义教育上。

其次，大学生思想政治教育的相关研究文献较少。在国外，针对大学生思想政治教育的研究大多是间接研究，这些间接研究虽然不是直接以"大学生思想政治教育"命名的，却是换了一个说法的有关大学生思想政治教育的研究结果。事实上，是通过各种隐形课程来灌输思想政治教育，还将思想政治教育渗透到各种媒体中，通过各种载体来进行思想政治教育。这就形成了独特的大学生思想政治教育体系，且成效显著。在国内，在中国期刊网上输入"微时代背景下大学生思想政治教育载体"并进行检索，可以发现相关文章自 2000 年至今仅有 149 篇。我们从中可以看出有关大学生思想政治教育载体的研究，整体处于滞后状态。

再次，有关大学生思想政治教育载体的系统研究较少。现有的研究大多数只是单方面的研究。比如，以"微博"为载体进行大学生思想政治教育研究，力图以微博这一新媒体为载体来提高大学生思想政治教育的时效性；或者有些研究以"微公益"为载体来呼吁大学生多参加公益活动，将"微公益"作为大学生思想政治教育的新载体。从整体来看，这些研究都显得过于单薄，我们需要将多个单方面的研究统一成有机整体，对大学生思想政治教育载体的整体体系进行深层次的整体构建。

最后，大学生思想政治教育的载体要与实践密切相连，因此关于大学生思想政治教育载体的研究要不断地发展、更新。现有的关于大学生思想政治教育载体的资料大多是当前背景下的研究成果，而时代在不断变化，社会环境不断更新，只有不断更新有关大学生思想政治教育载体的理论，才能有效提高大学生思想政治教育的实效性。

二、新媒体时代大学生思想政治教育的微观现状

（一）评价反馈系统不完备

我国对于道德教育的评价系统尚不完善，大多数是通过教育主管部门对学校进行思想政治教育评估的方式来实现。然而，这不能适应在新媒体环境下的道德教育评价，出现的问题包括以下几点：

第一，思想政治教育评估主要是教育主管部门通过开展学校思想政治教育的方式进行的，很少涉及社会和家庭，而且没有对社会道德风尚的引领以及文化建设产生的影响做出评价。因此，社会网站只顾及了经济利益，而忽视了社会效益。又由于家庭和社会不参与评价，所以学校思想政治教育与社会和家庭教育脱节，教育责任完全在学校方面，很多学校难以承受思想政治教育的压力，思想政治教育难以取得预期的效果。

第二，教育行政部门对学校的思想政治教育评价关注点在思想政治教育的开展情况上，忽视了新媒体空间的思想政治教育发展，或者仅仅将新媒体作为思想政治教育的渠道，而没有将两者结合。因此，教育行政部门忽视了虚拟空间中思想政治教育的重要性，这也造成了学校对虚拟空间思想政治教育的忽视。

第三，学校对思想政治教育工作只注重比较显而易见的成果，如学生成绩、宿舍卫生成绩等，而忽视了隐性的、虚拟空间中的思想政治教育。

这就导致从事基层学生工作的辅导员忽视了思想政治教育网站、思想政治教育博客的建设，影响了新媒体在思想政治教育中的重要作用的发挥。

第四，新媒体环境下的思想政治教育评价标准也有待改善。虽然新媒体在大学生思想政治教育中的作用越来越大，但是对大学生道德教育的评价标准和方法还处于滞后状态。另外，教育评价不成体系，缺乏科学性和可实施性，在方法的选用上也比较单一、片面，这些都影响了思想政治教育评价的有效性。

（二）教育者的主导地位不高

思想政治教育的主体是教育者。在进行思想政治教育时，如果不能发挥教育者的主导作用，结果就会不甚如意。在当前的教育环境下，教育者不能充分发挥作用的原因主要有如下几个方面：

1.教育者自身缺乏主观认识

教育者缺乏思想政治素质重要性的认识。我国是坚持以马克思主义理论为指导思想的社会主义国家，党始终高度重视人民的思想政治素质。现实情况是很多高校没有深刻理解思想政治教育的重要性，没有意识到提升大学生的思想政治素质是多么重要，存在"一手硬，一手软"的问题。经济发展现状也使得绝大部分高校将培养大学生的专业知识、专业技能放在了重中之重的位置上。为了保证学生专业素质的提升，高校在学科建设、教学评价以及各种利益上都向专业技能倾斜。

然而，在思想政治教育方面，高校不仅没有设立具体的培养目标，甚至还使有关思想政治方面的培养受到了阻碍。这就导致了部分思想政治教育者失去了积极性，甚至认为这种现象是正常的、不可抗衡的。持续时间长了之后，思想政治教育者的主导作用就逐渐减弱。

教育者缺乏思想政治教育重要性的正确认识。部分教育者甚至开始质疑思想政治教育的地位。党始终认为思想政治教育发挥着"生命线"的作用。毛泽东同志先后提出"掌握思想教育，是团结全党进行伟大政治斗争的中心环节""政治工作是一切经济工作的生命线""掌握思想领导是掌握一切领导的第一位"等著名论断。江泽民同志指出，"愈是改革开放，愈要加强思想政治教育工作"。但是高校的一些教育工作者不能深刻理解党有关思想政治教育理论的发展历史，对思想政治工作越来越没有信心与激情。随着我国的改革开放不断深入，思想政治教育受到的挑战与日俱增，不利因素不断叠加，增强思想政治教育效果越来越困难。教育者如果自己都不清楚思想政治教育的重要性和内涵，就会对它所处的位置感到困惑。

教育者缺乏对思想政治教育的科学性、职业性的认识。部分教育者仅仅照本宣科地讲授思想政治，不重视思想政治教育的科学性、职业性。思想政治教育的历史源远流长，马克思主义距今已有一百多年的历史。"思想政治工作是一门治党治国的科学"这句话不仅被教育界认同，也被党政机关所承认。这些对思想政治的高度认可是提升思想政治教育科学性的基础，这些认可也彰显了思想政治教育的有效性。然而，将思想政治教育独立为一门专门学科的时间只有四十多年，这就导致了很多专业性问题一直没有定论。思想政治教育是一门社会科学，但是其研究对象和领域仍然有许多争论，因此学者们还存在着很多质疑。

我国的社会科学建设现状与国际上的许多国家相比，是普遍落后的，我国的思想政治教育是新兴起的一门学科，目前十分缺少科学技术的支持，在社会科学研究的成果方面，也是相对缺乏的，可见，我国思想政治教育的发展必将是曲折的。进一步来说，我国的思想政治教育还没有形成整体的认识，更不用说职业性了。而且思想政治教育又有其特殊性，因为紧密联系社会，所以它的影响是广泛的，表现形式是多样的，产生的效果是无形的，难以对其进行量化的评估。因此，部分教育者不重视思想政治教育与它的学科性质关系很大。

2.学科建设和领导体制尚需完善

现如今，大学生思想政治教育课程的学科基础是马克思主义一级学科。近年来，大学生思想政治教育课程取得了一次次的进步，但是思想政治教育学科的基础理论建设仍旧相对落后，主要表现在以下几个方面：

第一，思想政治教育学科基本理论与学科实践基础不完全一致；

第二，思想政治教育学科基本理论与学科理论基础不完全同步；

第三，思想政治教育学科基本理论未达到学科理论研究的规范性要求。

基础理论与实践的不完全一致，往往会令思想政治教育走向边缘化。思想政治教育与学科理论基础的不完全同步，会使思想政治教育学科的理论基础不能与社会最新的理论成果相结合，不能解决学科发展中新出现的问题，不能适应学科理论研究的规范要求，会让思想政治教育研究处于学术不规范的威胁之中。各种理论的内在逻辑不能相统一，个人有个人的看法，阻碍了学科基础理论体系的构建和整体学术水平的提升，使得整体的学科形态很难走向大成。思想政治教育的应用也有待专家探索，各个高校的学科建设、研究基地、课程设置也有待提升。

思想政治教育领导体制存在的问题，大学生思想政治教育领导体制也是在摸索中不断改进和完善。主要有党委管理模式、校长负责模式、党委领导下的校长负责制等多种模式，每次改进都使领导体制的作用更加有效。1998年的《中华人民共和国高等教育法》以法律的形式把党委领导下的校长负责制作为高校的管理模式规定了下来。在这一体制下，党委和校长各司其职、协同合作，这符合我国高校的具体运转规则。然而，这一体制在具体运行中也出现了许多问题，如：

首先，在运行党委领导下的校长负责制时，权力分配出现了问题，从政治方面看学校的最高领导是党委书记，但是在法律意义上校长是法定代表人，学校有关的法律文件只有校长同意并签署才具有法律效力。所以，当党委书记和校长对同一个问题的处理意见有冲突时，问题就难以解决。

其次，党委书记和校长的具体分工和所拥有的具体权力不确定，随意性很明显，这样就容易造成一方独大的情形，如党委书记权力过大或者是校长权力过大，难以协调。

再次，在实际操作时没有与党委领导下的校长负责制相应的执行系统，基层党委只能起到政治保障的作用，对任何事务都没有决定权，党委要落实各项决策需要征得校长的同意，基层党委的作用很小。

最后，高校的基层党组织不受重视，党务活动受到不同程度的轻视，行政人员才是学校培养的中心。行政人员大多是有一定学术能力的教师，而党务负责人的学术地位比较低，而且其参加培训的次数也不如行政人员参加培训的次数多。

3.思想政治教育的队伍建设有待提高

思想政治教育的教育者素质不一。思想政治教育学科的特点包括强烈的阶级性、实践性、科学性、综合性。这些特点要求教育者不仅要有专业的学科素质，还要有好的政治素质、思想素质、道德素质和能力素质。然而，大学生思想政治教育队伍是由兼职教师和专职教师共同构成的，教育者素质不一，主要表现如下：

第一，兼职教师没有经过专门训练，但占的比重很大；

第二，专职教师也不是专业学习思想政治教育的，大多数是由相关专业转来的；

第三，思想政治教育的学科建设不完善，教师专业水平参差不齐，高学历人才普遍偏少；

第四，教师本身的政治素养、道德素养难以达到要求的水平。由于思想政治教育的学科特殊性，教师们要言传身教，所以对教师的要求极高，但大部分教师没有培养自身的途径。教师虽能自觉提高自身素质，但是面对繁重的教学工作还是会感到身心俱疲。

思想政治教育队伍师资结构失衡。大学生思想政治教育队伍的结构包括性别结构、年龄结构和学历结构。首先，性别结构是指大学生思想政治教育队伍中男女教师的比例。各高校应该重视教师的男女比例，男女比例的失衡会使思想政治教育的开展处于片面的尴尬境地，不能发挥性别的互补作用。其次是年龄结构，结构合理的教师队伍应当包括老年、中年、青年三个年龄段的人，并且各年龄段的人所占比例应合理。教师队伍的年龄结构一般有以下三种模式：

第一，前进型，即青年人多于中年人，中年人多于老年人的正三角形结构；

第二，衰退型，即与前进型相反的倒三角形结构；

第三，静止型，即中年人最多，两头小、中间大。

前进型是最理想的模式，我们应当尽力避免静止型或衰退型，要改造衰退型。思想政治教育是一门新兴学科，因此青年教师所占的比重很大，教育队伍呈现年轻化的特点。然而，人才流失现象也要受到重视，如果忽视对青年教师的培养，让其中的优秀者不能获得学术研究、职称评审、高学位深造等的机会，人才流失情况就会加剧。最后是学历结构，思想政治教育队伍应由各层次学历结构的教师组成，高学历和中等学历都应该有。高学历的人才包括博士生、硕士生等，中等学历的人才包括本科生、大专生等，将不同层次的人才系统、合理地组合，形成一个多层次的队伍结构。事实上，思想政治教育队伍中具有博士学位的高端人才普遍缺乏，教师学历结构的整体水平急需提升。

（三）新媒体的管理机制不健全

新媒体管理问题一直是一个极具争议的问题。大部分人认为新媒体的管理存在许多问题。新闻单位是我国传统媒体主要的存在形式，我国对新闻单位的管理采取许可证制度，这就有利于把握舆论的方向，维护我国意识形态安全。但是在新媒体的环境中，每个人都可以将自己对于各种问题的看法、观点通过文字或者视频的形式发送到网上，与全世界的人一起分享，不需要经过任何部门同意，这就使得相关监管部门很难对新媒体进行监管。

再加上我国的新媒体管理体制、机制不健全，政府对于新媒体的管制权力分散，有关新媒体管理的政策与新媒体的发展不同步，侧重于信息的整治和安全，轻视对新媒体的推动，这就与新媒体的整体价值不符。种种问题都制约了新媒体的发展，以及作为思想政治教育途径的新媒体的作用的发挥。

（四）思想政治教育的队伍建设尚未成熟

新媒体环境下的思想政治教育队伍应该由政府、社会网站、企事业单位三种机构组成。其中政府包括教育、宣传等部门。企事业单位包括新媒体的企事业单位和学校。然而，就目前情况来看，无论是运用新媒体进行思想政治教育，还是培养学生综合素质，都没有跟上新媒体的发展速度。

1.社会网站思想政治教育意识不强

社会网站的思想政治教育意识不强，更注重商业利益，有时为了经济利益还会发布各种不利于思想政治教育的信息。所以虽然社会网站的信息素质和能力很强，但是自觉进行中国特色社会主义意识形态宣传的意识较弱，对学生产生了消极影响。

2.教育工作者的思想政治素质低

政府中的教育、宣传等部门的人员和高校的思想政治教育工作者虽然具备较高的思想政治教育素质，但是他们对于新媒体的应用不是很熟悉，信息化水平低，不能很好地运用新媒体进行思想政治教育，有些教育者甚至还会排斥新媒体的应用。再加上对教育行政部门和大学生思想政治教育工作者的新媒体应用的培训，没有得到很好的开展，使得他们对新媒体的操作还不熟练，不能适应新媒体环境下的思想政治教育。综合来看，信息技术水平较高的人缺乏较高的政治素养和思想政治教育经验，而具有思想政治教育经验的人对信息技术不熟悉，导致新媒体环境下的思想政治教育发展受到了一定的限制。

3.国家和政府忽视新媒体的指引

不重视对新媒体舆论方向的指引。由于新媒体与传统媒体不同，它的发布不需要经过有关部门的许可，这就导致新媒体传播的信息正误掺杂，新媒体舆论的多元化使得社会舆论过于分散，没有一个明确的舆论导向。要想让新媒体朝着正确的方向发展，就必须对其进行引导而不能任其自然发展，这就需要一批新媒体舆论引导人员。然而新媒体舆论引导队伍的建设没有受到国家或相关政府部门的关注，导致新媒体没有向自觉和常态化的方向发展，始终处于自发状态。

（五）指导理念和社会发展不平衡

传统思想政治教育的教育理念在如今的社会中已经不适用。在传统教学中，教师是主导，占有主体地位，但在现如今的新媒体时代，这种以教师为主导的传统的思想政治教育却难以取得更好的效果，原因如下：

第一，传统的思想政治教育理念是通过灌输知识的方式来让学生被动地接受，这样可以取得一定效果。但是，新媒体时代是开放的，如今的社会价值观是多元的，在这个变化极快的社会中如果强调一元主导，不吸收借鉴其他民族的优秀文化，很可能会引起学生的逆反心理。不兼容并包可能会导致学生对思想政治教育产生"假大空"的印象，造成思想政治教育与生活实际相脱节的情况，使思想政治教育的效果大打折扣。

第二，新媒体是开放的，使用者多项互动，具有高度的自主性和灵活性。在现实的教育中，教师仍然处于教学的主导地位，并且掌握了较多的资料和教学资源，所以其有时会忽视学生的学习感受，忽视学生的主体性，这就会极大地影响教育效果。然而，在新媒体的环境之中，学生与教师都是教育活动中的主体，是两个平等交流的主体。

第三，思想政治教育的内容与我国的社会发展是不同步的，思想政治教育创新落后于我国目前社会的伦理发展。新媒体的广泛传播使我国的社会伦理逐渐向现代化发展，而我们在思想政治教育指导理念上没有与新媒体环境下的公民伦理道德教育接轨，仍采用传统的思想政治教育内容和形式。这就使得思想政治教育不能与我国社会伦理发展同步，从而削弱了思想政治教育效果。

（六）思想政治教育模式与现代环境不统一

当前思想政治教育的模式存在许多问题，从整体来看，思想政治教育模式不是一个统一的整体，学校思想政治教育与社会、家庭相脱节，现实思想政治教育和虚拟空间的思想政治教育相脱节，学校、社会、家庭的思想政治教育和学生的自我教育相脱节。在新媒体环境下，这种脱节表现得更为明显，大大削弱了思想政治教育的效果。产生这种现象的原因就是思想政治教育模式自身存在问题，思想政治教育没有形成一个学校、社会、家庭、学生自我相互联系的整体。虽然新媒体打破了地域、时空的限制，使得信息传播更为便捷、迅速，使得思想政治教育信息的传播与思想政治教育主体的参与都变得极为方便，但是目前的思想政治教育模式无法适应新媒体的发展，主要表现在以下三个方面：

1.学校教育与社会的脱节

新媒体具有多元化的属性，使社会环境更加复杂。文化的相互沟通使得社会的道德观呈现出多元化趋势。学校的思想政治教育有时会与社会脱节，目标的设置没有以学生的实际水平为根据，有的目标设置得过高，使学生失去了信心。内容的枯燥乏味，导致学生容易产生抵触情绪，从而降低教学效果。

2.现实教育与虚拟空间思想政治教育的脱节

在内容上、形式上现实思想政治教育和虚拟空间的思想政治教育存在各顾各的现象，不论注重两者中的哪一者都会影响思想政治教育的整体效果，所以现实思想政治教育和虚拟思想政治教育要同步进行。

3.学校、社会、家庭与学生的脱节

这种脱节状态使得学校思想政治教育处于孤立状态，想要充分发挥思

想政治教育的作用，必须将学生与社会教育、学校教育、家庭教育相结合。

（七）新媒体与思想政治教育不协调

新媒体对高校的思想政治教育存在很大影响，主要是对思想政治教育环境、大学生群体和思想政治教育工作者的影响。影响包括积极影响和消极影响两方面，我们要客观对待新媒体带来的影响，扩大积极影响，克服消极影响，分析产生消极影响的原因，并着力解决问题。这些都是新媒体时代大学生思想政治教育工作者应当担负的职责。对当前新媒体对大学生思想政治教育的消极影响的成因进行分析，可以从以下几个方面入手：

1.思想政治教育的话语失效

话语传播严重滞后导致思想政治教育的话语失效。现如今，话语传播手段的滞后是大学生思想政治教育话语障碍的重要表现。话语传播手段严重滞后导致大学生思想政治教育者的话语权威性受到挑战，他们的话语不能起到一定的规范作用，这就导致了种种消极因素的产生。

在新媒体时代，信息传播速度快、范围广，大学生思想政治教育的内容不能及时跟上社会发展的步伐，就导致了思想政治教育话语落后于社会发展，使得教师与学生不能通过思想政治教育进行思想的传递。

在新媒体时代，信息的传递过程是双向的，这就提高了在传播过程中处于受众地位的接收者的信息了解能力。信息的发送者既可以是发送者也可以是接收者，这就使得大学生可能比教师先获取信息，从而产生了思想政治教育话语传播中的不对称。

在新媒体时代，虚拟空间在生活中占有很大比重。在虚拟空间中，每个主体都是平等的，拥有平等的话语权，教师想要采取控制式的教学方法显然是不可行的。因此，在新媒体时代，高校的思想政治教育改革是不可避免的。

2.思想政治教育的成效不高

教育内容的结构不完善导致思想政治教育的成效不高。新媒体时代，高校思想政治教育成效不高的一个重要原因，即思想政治教育内容没有与时俱进，且结构不够完善。思想政治教育内容结构的不完善，使得许多消极因素相继出现，高校的思想政治教育工作者应当注意到：虽然思想政治教育强调政治性，但是不能将思想政治教育等同于政治教育，不能忽视思想政治教育，不能与现实生活相分离，不能脱离大学生的生活实际；虽然强调内容以知识为本，但是不能忽视对人的塑造；虽然强调了内容的统一性和规范性，但是不能忽视大学生具有的知识层次差异和个体差异，更不能忽视思想政治教育内容的丰富性和生动性。新媒体时代的到来使得信息的复杂性和思想的多元化、资源的高度共享性都交织在一起，这就对高校的思想政治教育内容和结构的优化提出了迫切要求。内容的优化不等于完全否定以前的一切，标新立异，而是要在继承传统的基础上发展，要密切结合新媒体时代的时代特征，改造思想政治教育的方式，使得思想政治教育的内容更容易被大学生接受。

3.思想政治教育的实效性障碍

思维的单一封闭导致思想政治教育出现实效性障碍。思维有广义和狭义之分，广义的思维包括逻辑思维和形象思维，是人们对现实世界的概括和间接的反映，体现的是事物的本质及其运行规律。狭义的思维指的是心理学意义上的思维，专指逻辑思维。大学生思想政治教育工作者处于传统的思想政治教育之中，这就导致他们的思维是单向的、封闭的。尽管现在看来这种教育存在诸多缺点，但在过去，这种闭塞的思想政治教育起到了很大的作用。新媒体的广泛应用创造了一个全新的、开放的世界——网络世界，这一世界的出现使得人们的思维方式发生了深刻的转变。

然而，一些大学生思想政治教育工作者仍然活在以前的闭塞社会中，他们的思维仍旧是封闭的，他们习惯用传统的思维分析方法来看待这个全新的新媒体社会。尽管他们花费了许多时间以及精力，但是仍旧没有收到很好的效果。新媒体的融合对许多人的封闭思维方式产生了极大的冲击，改变了他们思维。新媒体社会能够使多种媒体形态和不同形态内容很快融合。在新媒体时代，高校的思想政治教育者逐渐意识到，在分析和解决大学生出现的各种思想道德方面的问题时，尤其是当问题涉及新媒体产生的种种消极影响时，绝对不能从单一的方面去思考问题，而要从多个维度去思考和研究。只有这样才能更好地进行思想政治教育，实现既定的思想政治教育的目的和要求。

4.思想政治教育面临着巨大的挑战

传统的教育模式面临着巨大的挑战，主要体现在以下几个方面：

第一，传统模式仍然在运行并发挥着一定作用，但其地位在逐渐降低；

第二，新媒体发展迅猛，它的覆盖范围广、传播速度快，是社会舆论的放大镜，也是意识形态较量的战场，对大学生的影响越来越大。由于传统的教育模式不具有较强的引导力，社会上越来越多的信息影响着大学生的价值观。大学生涉世不深，难以从鱼龙混杂的信息中辨别好的信息，个别人甚至会在不良信息的引导下误入歧途。

教育模式的陈腐产生了许多消极影响，这就表明创建适应新媒体时代、顺应大学生思想政治教育发展需要的全新教育模式是十分必要且迫切的。高校的思想政治教育工作者在这个新媒体时代也需要顺应时代的发展，及时更新思想政治教育观念，不断学习新媒体技术，探索教育新模式，提高思想政治教育的影响力，努力提升自身素质以适应大学生思想政治教育发展的新要求。

5.思想政治教育的整体效应无法得到充分发挥

现行载体乏力，导致思想政治教育的整体效应不能得到充分发挥。任何教育都需要借助一定的载体才能发挥作用，载体同样也是大学生思想政治教育发挥作用的条件之一。新媒体技术在不断地更新、发展，高校若仍旧采取以前的载体进行思想政治教育就会十分低效，会产生许多消极影响。

在新媒体时代，信息的传递更为方便、快捷，这就使教师和大学生处于同一个信息平台，降低了教师的权威性和影响力。

新媒体时代产生了更多的载体，单一的、以课堂教育为主要载体的形式已经与社会发展的要求脱节。这种现象的出现表明，导致当前大学生思想政治教育成效不高的原因就在于现行教育载体的乏力，单一的载体不能满足新媒体时代大学生思想政治教育的需要。

大学生思想政治教育的载体改革刻不容缓，这就要求高校的思想政治教育工作者针对大学生在新媒体环境下出现的独立性、差异性、选择性等特点来进行改革，并根据实际情况综合运用多种载体，通过载体间的相互配合和相互协调来形成全方位的思想政治教育的合力。

（八）道德教育不符合当前社会的传播要求

社会的变革和传播环境的不同，使相应的道德教育的内容、方式、途径发生改变，只有这样才能使教育效果的提升得到保障。但是，从当前的新媒体传播规律角度来看道德教育的内容、方式、途径，明显是不相符的，主要表现如下：

1.对新媒体的道德问题界定不明确

教育者缺乏对新媒体虚拟空间道德问题的真正认识，导致无法确立正确的道德教育观。虽然网络世界是虚拟的，但这并不代表网络世界是独立于现实世界而存在的。其实，网络的运行必须与国家的制度、文化等相符合。虚拟的世界也是客观存在的，是现实社会的一种延展。新媒体伦理道德是一种意识形态，是不以人的意志为转移的一种客观存在，然而现实社会中的思想政治教育工作者一般却将虚拟空间的道德与现实道德区别开来。

2.新媒体空间的思想政治教育内容尚需开拓

思想政治教育的内容是新媒体发展改变的关键。传统的思想政治教育内容包括法律法规、心理健康、道德规范、思想政治理论等。在新媒体时代，还应增加信息素养教育、文明教育等内容。

相关专家、学者对广东部分高校进行了相关调查，该调查结果显示，思想政治理论课在思想政治教育的教育内容中所占比例仍旧很大，但是新增的新媒体文明教育、新媒体道德修养等也会对大学生产生很大影响，新媒体的思想政治教育内容应该得到全面拓展。

3.对新媒体道德教育的特点不能准确把握

新媒体道德是一种自主自律型的道德。在虚拟世界中，直面批评等道德约束方式难以进行，那么个体的自我约束就更加重要。现代社会要求人们的道德约束方式向自律转变。新媒体道德是一种开放的道德体系，自由、开放是新媒体空间的特点，这就使得新媒体中汇集了不同的文化、不同的道德观念、不同的行为方式，它们相互碰撞，在冲突中融合，呈现出一种多元、开放的态势。现有的道德教育只重视学生表面的行为，却忽视了对学生价值观念和道德观念的引导，使得道德教育难以深入学生心中。

4.新媒体空间的思想政治教育传播途径更趋于多样化

思想政治教育工作者在运用新媒体时还是更倾向于运用网络课程、专题学习网站等方式，这些以信息传播为主要途径的教育方式并没有加强教师与学生之间的交流互动，学生主要是通过 QQ、微信等互动型的途径进行交流，显然教师的选择与学生的意愿是不相符的。新媒体确实在师生交流方面起到了很大作用，但只是将网络当作发布信息、传播信息的载体，缺少实际的互动，所以它一定程度上阻碍了新媒体空间思想政治教育的发展。

第三节　新媒体时代大学生思想政治教育面临的机遇与挑战

一、新媒体时代大学生思想政治教育面临的机遇

新媒体的出现和普及，为思想政治教育带来了前所未有的机遇。新媒体作为技术的产物，具有其独特的优势，例如共享性、平等性、即时性和互动性等，不仅拓宽了思想政治教育的资源渠道，提高了思想政治教育的效率和效果，还创新了思想政治教育的方式。因此，思想政治教育工作者必须以饱满的创新精神看待新媒体，把握其带来的机遇。

（一）改进了思想政治教育的方式

实事求是是毛泽东思想的活的灵魂之一，这就要求我们应根据外在条件的变化和事实把握规律，不断用发展的眼光看待问题，做到一切从实际出发，具体问题具体分析。目前，我国思想政治教育课堂普遍以讲授理论

知识为主，并且使用的教材多与社会生活脱轨，导致学生难以理解，容易产生抵触心理。除此之外，学校通过宣传栏、校园报纸、专家讲座等教育传播方式所取得的成效十分微弱。根据调查发现，认为思想政治理论信息宣传力度小的学生占 26.8%，对思想政治理论信息不感兴趣的学生占 58.2%。这个数据反映了思想政治教育方式的单一性，思想政治教育方式没有与大学生喜闻乐见的宣传方式相结合。

随着信息化和数字化的快速发展，学生必须改变过去死记硬背的学习方式，教育者必须改变传统的单向课堂灌输教育方式。实现人的全面发展是教育的最终目的，因此教育必须回归生活。新媒体使思想政治教育方式更加生动、多样，真正实现了以学生为主体的教育模式。在这种环境下，书本已经不是唯一获取知识信息的方式，多样化的信息传播手段涌入学生的日常学习中。智能手机，数字化的报纸、杂志、广播等逐渐成了教育者进行教学活动、学生获取理论知识的重要辅助工具。因此，传统的思想政治教育方式已经无法满足新媒体环境中的思想政治教育需求，教育者必须将思想政治教育与新媒体载体相结合，不断进行方式上的革新。

（二）提高了思想政治教育的时效性

教师与学生面对面进行知识传授的课堂授课模式，是大学生思想政治教育的主要方式，通常是几十个学生接受一位教师的理论传授。由于每个学生都具有其独特的性格特点和思维方式，所以传统的授课方式只能满足学生的一般需要。同时，这种授课方式受时间和空间的限制，不能保证教师可以及时发现、引导学生解决其实际问题。

新媒体具有开放和即时的优势，这些优势有效地解决了思想政治教育信息在传播过程中的一系列问题。教育者能随时随地通过即时通信软件

（QQ、微信等）向学生传递有关全球各地发生的公共事件、热点问题的信息，并在网络社交软件中组织学生思考和讨论。这种便捷的联系方式使教育者不仅能及时、全面地掌握学生思想，根据不同学生的实际情况给予个性化的引导，还能及时地调整教育方法和内容。除此之外，学生同样可以通过即时通信软件将自己的看法和观点回馈给教育者。

新媒体还具有虚拟性，这一特性使学生可以以匿名的方式毫无顾忌地在网络平台上进行交流。新媒体为教师了解大学生真实的想法提供了便利，减少了教师的时间成本，提高了教师的工作效率，使其有更多的时间对大学生进行有针对性的思想政治教育。

（三）拓宽了思想政治教育的资源

在互联网络尚不发达、智能手机尚未普及的时候，大学生一般通过书籍、报纸、期刊和杂志查阅所需要的信息。在高校里，这部分文献一般是在图书馆获得的。然而每个学校的图书馆规模和质量都不一样，学生接受的资源也是不一样的，查到的文献可能并不全面，也有可能查到的资料跟自己主题并不贴合。有的书籍或材料本校图书馆没有，大学生还要去其他图书馆寻找查阅，而且向图书馆借阅书籍和期刊时都有时间限制，到期不管你有没有看完都要将书归还，甚至有些书或材料还需要到网上买，耗财耗时。除此之外，最前沿的学术观点和国家精神很难及时地反映到书中，具有一定的滞后性。

新媒体具有无边界性和开放性，这两种特性使其形成了一个巨大的信息储存库，其中包括丰富的就业信息、娱乐信息、学术信息。例如，中国知网作为我国最大规模的文献数据库，按学科的不同将信息划分为医学、社会学、经济学、文学、农学、管理学、科学等，并将其庞大的内容存储在网络平台上供人们查阅。除此之外，中国知网还将信息按学术期刊、学位论文、会议、报纸、年鉴、图书、专利、标准、成果等进行了划分，使人们在查阅文献信息时更加便利。教育者和学生只需在首页输入关键词，便能在最短的时间里浏览所需要的资源并进行下载，极大地减少了获取信息的时间。

除此之外，还有许多网站可以实现网上学术信息共享，如数据库网站、中国教育网等。近年来，各个高校纷纷着手建立思政类的专门的网站，引导大学生树立正确的观念。高校通过在网站上发布一系列思想政治教育的文本和视频，达到传递思想政治教育理论的目的。

二、新媒体时代大学生思想政治教育面临的挑战

新媒体已经展示出其相对于传统媒体的优势，但它也是一把"双刃剑"。它在带来正面影响和新机遇的同时，也给新形势下大学生思想政治教育工作带来了新的困难与挑战。在数字技术飞速发展的时代，我们对新媒体的认识和掌握、对新媒体的接触与选择，以及对新媒体所传播内容的分析与判断，都直接影响着大学生综合素质的全面发展，关系着大学生的健康成长。在新媒体的影响下，大学生思想政治教育迎来了新的任务，即利用好新媒体的优势，拓宽大学生思想政治教育工作的思路，顺应时代的潮流与发展，创新工作方法。

（一）对大学生思想政治教育方法的挑战

加强学生的价值和道德的判断能力，强化学生的道德思维能力，向学生传授思想道德知识，使其实践思想政治教育的理论与知识是大学生思想政治教育工作的主要任务。新媒体在移动互联网通信技术、计算机网络

技术与数字技术的支持下，逐渐形成了一个庞大的网络体系，其传播的内容具有随意性和自由性。各种科学技术的发展和普及，导致对新媒体信息的管理和监控十分困难。因此，高校必须对其教学方法、教学模式进行改革。

可以将大学生思想政治教育对信息的选择分为以下两类：

1.理性选择

主要是指人们通过系统化地分析各种新媒体信息，提炼所需要的关键信息所做出的选择。

2.非理性选择

主要是指通过直觉直接进行信息选择的活动。

新媒体虽然为教师和大学生在获取信息方面提供了便利，但也增加了其选择信息的难度。

从宏观的角度来看，人们使用新媒体的门槛较低，并且目前没有管理新媒体的责任机构，导致教师和大学生无法辨别信息来源的可靠程度，使大学生处于复杂的信息环境中，使教师无法及时、有针对性地对大学生进行信息选择的指导，这会产生以下两种结果：

第一，所形成的新的观念可能对大学生的成长不利；

第二，对大学生还未完善的价值观造成冲击。

新媒体环境对教育者也提出了新的要求。教育部在《教育部关于加强高等学校思想政治教育进网络工作的若干意见》中指出："各高校要对广大教职员工普遍进行思想政治工作进网络的教育。同时，要培养一支既具有较高的政治理论水平、熟悉思想政治工作规律，又能较有效地掌握网络技术、熟悉网络文化特点，能够在网络上进行思想政治教育工作的队伍，包括专职工作人员队伍、党团员和师生骨干队伍，是做好思想政治教育进网络工作的重要的组织保证。"与传统媒体的传播形式相比，由于大学生对新技术的需求程度较高、接受能力较强，大学生获取知识的渠道呈现出了技术性和多样性的特点，并且成了新媒体的主要受众和使用者。教育者与大学生相反，由于各个方面的条件制约，其运用新媒体技术的能力较差。掌握视频操作技术、微博和微信操作技术、移动互联技术、互联网技术等新媒体技术已经成为大学生思想政治教育工作者的主要任务之一。合理、充分运用新媒体不仅能与大学生平等交流，还能全面地了解大学生真正的想法，并对其思想进行及时的、有针对性的引导。

新媒体也有许多负面影响。新媒体在高速传播科学技术知识和思想道德观念的同时，具有在海量信息中进行选择的矛盾性，新媒体环境对大学生思想政治教育方法的挑战包括以下几个方面：

第一，如何有效开展思想政治教育工作；

第二，如何提升学生的思想道德品质和高尚人格；

第三，如何利用新媒体对学生进行教育；

第四，如何提高学生信息甄别和判断的能力。

（二）对大学生思想政治教育内容的挑战

思想政治教育的内容与思想政治教育的目标有着密切的联系。新媒体技术的飞速发展更加映衬出了现阶段大学生思想政治教育的形式和内容，是明显落后于时代发展的需求的，这就使得思想政治教育的内容需要不断扩充、调整、更新，与时俱进，才能满足新时期的教育需求。

新媒体环境作为传播信息的新平台，已经逐渐成为当代大学生与教师获取信息的重要渠道，对其日常生活的方方面面起着潜移默化的影响。新媒体技术不仅为思想政治教育带来了新机遇，还极大地完善了思想政治教育的方法。教师可以利用其即时性、交互性以及多元性等特点，不断丰富思想政治教育的内容，了解大学生的思想动态，设计形式多样的思想政治教育活动。

新媒体在教育内容方面带来的问题包括网上信息的复杂性问题、网上信息的真伪难辨性问题，以及网上信息的无序性问题，这些问题容易使大学生的情绪受到不法分子的煽动，引起大学生的思想混乱和高校和社会的不稳定。大学生在潜移默化中被动地接收了这些信息。这些负面信息严重阻碍了思想政治教育工作的开展，对大学生的道德观、价值观和人生观产生了十分恶劣的影响。因此，教师必须用健康、积极、正确的思想文化占领网络阵地，加快网络安全建设的脚步，为大学生创造一个轻松、干净的网络环境。

以网络为基础的新媒体环境是在校大学生形成崭新活动空间的支撑，新媒体所承载的信息、内容、知识也存在着合理开发、传播和利用等要求，更深层次的目标是形成与之相适应的道德要求、道德准则和道德规定，这些道德关系与新媒体相辅相成，构建了一个道德空间。在新媒体环境的影响下，大学生思想政治教育的主要任务是帮助大学生树立正确的价值观念，使其形成科学的、先进的道德观，并通过一些教学活动和方法，引导大学生内化道德心理，自觉抵制各种消极信息。

大学生思想政治教育的内容，应根据社会的发展、大学生的实际情况进行优化或调整。教师应不断规范网络中涉及伦理、道德的内容，使其符合社会发展规律。这一做法不仅有助于应对新媒体对思想政治教育内容的挑战，还有助于大学生不断内化正确的思想观念。

（三）对大学生思想政治教育环境的挑战

影响人的思想政治品德形成的一切外部因素都是思想政治教育环境的内容，即对思想政治教育活动以及思想政治教育对象的思想品德的形成与发展产生影响的、一切外部因素的总和。由于思想政治教育必须基于一定的环境条件才能得以开展，因此教育目标会受环境的影响而发生改变。

新媒体依附于现代社会的进步、市场经济的繁荣而得到了长足的发展，拓展了人们获取信息的渠道，并使数字电视、手机、网络等新的载体成为获取信息的重要媒介，新媒体为人们提供了更灵活、更自由的信息资源。在这样的大环境中，大学生思想政治教育的环境表现出了变化性、开放性、复杂性、多维性的特点，推动了信息化的渗透。

大学生思想政治教育随着环境的变迁改变了传统的教育方式，逐渐向多来源、多渠道的信息化教育发展。这一转变对教育者的主导性和权威性提出了新的要求，打破了传统媒体的限制，例如信息总量、速度、时空等，改变了传递被动接受的形式，使大学生在课堂以外的地方也能通过新媒体进行学习。同时，这种环境的变化也导致了许多问题的产生。例如，各类社交平台具有传播迅速、发布随意等特点，这导致大学生会被动或主动地接受部分负面信息，不利于其价值观念的形成。

除此之外，国外文化在新媒体上传播也是对大学生思想政治教育环境的挑战。随着全球化的深入发展，各个国家的信息涌入大学生的生活中，不同国家拥有不同的生态自然环境、历史背景、意识形态、发展道路、社会制度等，不同国家的人在新媒体平台上传播的信息具有多样性的特征。近年来，以美国为代表的西方发达国家在新媒体环境中占据了信息主导的优势，使其人生观、价值观等被大众所认可。根据有关机构的调查研究发现，在互联网上使用法语进行信息传播的比重大约为 5%，使用除法语、英语外的其他不同语言进行信息传播的比重约为 5%，用英语进行信息传播的比重则达到了 90%。还有其他数据显示，电商网站使用英文网址所占的比重高达 96%，我国日常所使用的英文网址所占比重约为 78%。由此可知，在全球信息化的趋势下，思想政治教育的环境内容受到的影响是多元化、多样化的。

在新媒体时代，思想政治教育环境受到的影响包括以下两个方面：

第一，新媒体带来的信息多元化冲击；

第二，西方国家所输出的异质文化。

因此，教师在这样的大环境下，必须坚持主导文化和多样文化的辩证统一，把握网络的意识形态。

（四）对大学生思想政治教育主体性的挑战

20 世纪 80 年代初，我国开始重视关于学生主体性的研究，并首次提出了教育必须以学生为主体的理念。研究主要针对教师与学生存在的主体关系、大学生主体性构建，以及大学生主体性教育的意义等方面。

新媒体的到来，拓展了大学生获取信息的渠道，但新媒体信息所具有的海量化的特点容易使大学生迷失在多样化的信息中。对新媒体的正确引导的缺失与对新媒体行为和信息的监督的缺失，最终导致大学生的主体作用发挥过度，甚至产生异化，受控于新媒体。其根本原因是新媒体环境中的信息具有碎片化，以及泛化性、隐秘性和无序性的特点，人们可以自由地、无限制地表达自己的思想和观念，这削弱了大学生对思想政治教育的主动接受力。当大学生对新媒体环境产生依赖时，容易丧失独立思考的能力，使现实中的社会沟通呈现出病态交往问题，例如从多面走向单面、从主体走向客体、从和谐走向失衡等。这些问题阻碍了大学生主体性的发挥。

新媒体技术的发展与应用，使现实世界和网络世界的界限变得模糊。新媒体技术把物理的现实与虚拟的现实联系起来，在新媒体平台上用网络、数字和代码等技术方式构建人机交互作用的一种存在，从而形成一个与真实世界不同却又具有视听感觉的虚拟空间，彻底改变了人们的认知方式。虽然虚拟存在的世界可以带给我们现实世界中无法获得的乐趣，满足了暂时的欲望，但它却使一些人的意识深陷在虚幻的状态中无法自拔，甚至产生偏激的行为。若一个人长期沉溺在这些虚幻的视听内容中，那么他在现实生活中的快乐也会逐渐消失。虽然新媒体技术已经可以做到模拟出现实生活的场景和视听效果，但真正感受到太阳冉冉升起、四季更迭、高山流水的时候，那种快乐绝非数字化手段可替代的。对大学生来说，沉溺在虚幻的网络社区、游戏世界中，无法挣脱各种虚拟的枷锁会令他们越来越偏激，逐渐失去了健康积极的生活态度。虽然现实世界中的事物无法做到尽善尽美，但都是人类社会发展的成果。脱离生活，脱离大自然，只能让世界变得更加不真实。

当代的大学生是伴随着网络的发展而成长起来的。随着信息技术的飞速发展，新媒体也以其惊人的速度和力度影响着当代大学生的成长，几乎所有的大学生都通过各种新媒体进行娱乐、阅读等。根据相关调查结果显示，使用手机的大学生几乎都会受到不良短信的侵扰，这些信息对部分思维和心理正在成长的学生有一定的侵蚀和毒害作用。正是由于在新媒体时代行为主体的相对隐蔽性，大学生的网络道德失范行为日益增多，他们借助新媒体的开放性、匿名性和虚拟性等特点，发表不负责任的言论，散布垃圾信息，对他人进行侮辱和骚扰，更有甚者进行网络诈骗和贩卖不法商品。人的主体性一旦丧失，就会产生人的主体性和网络的依赖性的矛盾，面对网络主体性与依赖性的关系变更，处理好有关新媒体技术处理、新媒体内容管控、新媒体道德培养等方面的问题是大学生思想政治教育的新的课题。

三、新媒体对大学生思想道德观念的影响

新媒体的普及和发展，既给大学生带来了个性发展的空间，也带来诸多负面影响，教师必须对其予以高度的重视。

（一）对大学生思想道德观念的积极影响

1.思维灵活，适应新事物的能力提高

互联网的发展开阔了大学生的视野，为其获取信息资源提供了便利。在海量的信息资源中，大学生能够随时随地地查询最前沿的热点和知识，接触新事物，探索世界，不断地进行自我完善，通过学习武装自己的头脑，开拓创新，提高自身在社会中的竞争力。

2.追求平等，参与意识提高

新媒体打破了传统的单线传播链条，使互动双方处于平等地位。在新媒体空间里，每个人都可以不受限制地根据自己的喜怒哀乐和兴趣爱好选择交流方式、沟通对象。他们可以充分享受信息自由化带给他们的平等权利。在这种互动模式中，他们认为适时地发布消息、提供信息实现资源互惠共享是他们应承担的义务和责任，久而久之，大学生的开放意识、参与意识会大大增强。

3.个性独立，自主意识提高

新媒体为大学生创造了一个可以秘密沟通、不受外界干扰的虚拟世界，消除了面对面交流的尴尬。在这个虚拟世界中，大学生的思想和言论不受限制，大学生能毫无顾忌地地表达自己的看法，这有助于其独立意识的形成。

除此之外，新媒体改变了以往教育者单方面灌输的学习方式，为其提供了浏览信息、查阅资料、下载材料的平台。

（二）对大学生思想道德观念的消极影响

1.道德情操滑坡

有相关专家、学者对国内外的信息犯罪案件进行了统计，根据调查数据显示,近年来网络中犯罪案件的罪犯平均年龄只有23岁,主要集中在18～40岁之间，并且这些案件中有一小部分是大学生所为。由此可知，这部分大学生的道德情操严重下滑。

新媒体所创造的虚拟空间具有隐蔽性的特点，容易使人产生一种侥幸心理，从而忽视道德和责任。除此之外，新媒体还具有虚拟化和数字化的特点，导致教育者无法对学生的思想、观念、言行等进行实时的监控，从而使大学生得以放纵自己，产生种种不道德行为。

2.民族认同感弱化

新媒体拉近了世界各民族间的关系，加深了人与人之间的交流和了解，不同思想在网络上或碰撞、或融合、或冲突。大学生群体中不少人会出现思想矛盾，陷入困惑。新媒体强化了大学生的地球村意识，同时也在精神方面削弱了他们的民族认同感。这不利于大学生爱国主义思想的形成和培育，同时也会对我国社会主义核心价值观产生巨大冲击，对民族文化构成严重威胁。

3.政治信仰淡化

大学生思想活跃，积极进取，绝大部分大学生在学校都会研修马克思主义基本原理概论、毛泽东思想和中国特色社会主义概论两门课程。因此，他们能够自觉接受中国主导文化，信仰马克思主义。但新媒体的开放性使来自不同国家和民族的价值取向、道德标准相互较量，这对大学生也产生了直接或间接的影响。一些不良思想观点使大学生价值取向呈现多元趋势，表现出由相对统一向差异化转变。

第四节　新媒体时代对大学生思想政治教育的新要求

一、拓展大学生思想政治教育创新思维

目前，我国大学生思想政治教育的特征对思维方式提出了新的要求。在新媒体环境下，思想政治教育工作者应根据教育活动中出现的新情况、新特点，不断拓展思维，探索新的教育思路。

探讨思维问题首先要了解思维定式，即由先前的活动而造成的一种对活动的倾向性，也可以将其称为习惯性思维。在同样的环境条件下，思维定式能帮助人们快速解决问题，而当环境条件发生改变时，思维定式会阻碍人们创新解决问题的方法。

长期以来，我国赋予思想政治教育显性意识形态教育的任务，认为大学生思想政治教育是科学认识问题而非价值认识问题，其教育内容呈现出

很强的政治性、阶级性和鲜明的国家意识形态性。这是一种概念思维，存在着抽象性和凝固性等特征。与此相应，在方法上，占主导地位的是灌输教育方式。这种教育方式把教育的重点放在理论、原则的传授上，缺乏生成性，也就不能形成真正的素质教育。新媒体背景下，这种习惯性的思维方式强调了教育者想教什么，而忽视了大学生的特点、需要等，未能把思想政治教育对象的主体性和客体性较好地统一起来，因而教育效果明显下滑。

教师在进行思想政治教育的过程中，要将重点放在其教育的方法、内容是否能被大学生认同、接受并付诸实践上，不能只单纯地向大学生灌输道德观、价值观、人生观、科学世界观，以及社会主义核心价值观等内容。在新媒体时代，教师必须直面各种因素对学生价值取向所带来的影响，在实践中不断增强理论的说服力。教师需要将大学生的主体性与客体性统一起来，转变固有的思维定式，切实做到关注、关爱大学生，为其创造健康的成长环境。

虽然新媒体时代大学生思想政治教育所面临的环境十分复杂，但复杂的背景并不可怕，只要站在一定的高度，找准逻辑起点，就能化不利因素为有利因素，并将有利因素发挥到极致。当前，我们要通过深入的调查研究，努力找准着力点，拓展创新思维，科学分析新媒体时代大学生的身心特点和发展规律，尊重大学生的情感、兴趣和已有的知识经验，积极创新思想政治教育话语、载体、内容结构等，以提升大学生思想政治教育的吸引力。

二、坚持做好新媒体时代大学生思想政治教育

马克思列宁主义、毛泽东思想、习近平新时代中国特色社会主义思想

是新媒体时代大学生思想政治教育的核心思想。教师必须认识和把握大学生的思想成长规律，充分运用新媒体解决问题、开辟新境界。因此，大学生思想政治教育工作者必须重视以下几个方面：

（一）开放与引导理念导向

1.开放

（1）思想政治教育自身的开放性

主要是指思想政治教育必须与时俱进，顺应新媒体时代的发展，不断创新思想政治教育的途径，整合各种有利的资源。新媒体时代的元素包括开放性、多样性、主体性、自由性以及虚拟性，由于教育者和大学生同处于一个开放的世界，为了使思想政治教育能够及时回应时代的问题，教育环体必须由有限走向无限、由现实走向虚拟，教育介体必须从可控走向不可控、从固定走向移动。

（2）大学生思维发展的开放性

大学生的道德思维、价值观、政治观等仍然处于还未完全成型的状态，环境与教育的修正会改变学生的个人体验。因此，教育者必须积极引导学生树立正确的、科学的价值观念，促进学生的思维发展，而不能封闭学生的思想。

2.引导

主要是指通过网络、课堂和课外活动对学生进行正确的引导，培养大学生识别、筛选网络信息的能力，增强其自觉抵制负面信息的意识。以社会主义核心价值观为引领，以人为本是新媒体时代引导理念的核心，教师要确立引导为主的教育理念，满足大学生各个方面的个性发展需求，不断丰富思想政治教育内容，从而提高其教育工作的实效。

（二）平等与互动理念导向

大学生思想政治教育在新媒体环境下，既是一个互动的系统，也是一个开放的系统。

平等有利于教师与大学生的对话与交流，能激发大学生参与及接受教育的积极性。不平等则不利于教师与大学生的对话与交流，使教师和大学生之间产生隔阂甚至开始对立。单向的灌输则忽视了大学生的独立性和创造性，无法激发大学生的兴趣和主观自觉。新媒体的平等性满足和迎合了大学生对于平等和尊重的需求。平等与互动理念，将有利于创造和谐共生的生态环境，有利于相互尊重和共同探讨，也有利于尊重教育对象的主体性，使得思想政治教育更具有亲和力。平等理念有利于开拓大学生思想政治教育的主体性。新媒体时代，一个人同时拥有了实在主体和虚拟主体两种不同的身份，这两种身份在交往中实现了辩证统一。新媒体环境下的教育介体和教育环体为主客体提供了平等的交流机会，这就激活了主客体的主体性，充分开启了主客体的自主性、能动性和创造性。

在大学生思想政治教育中，教师要尊重学生的主体地位，通过创新情境和激励引导等途径，唤起学生的主体意识，激发学生主体的自觉性、能动性和创造性，以达到自我教育、自我锤炼、自我修养的效果，从而取得思想政治教育的实效。贯彻新媒体时代大学生思想政治教育双方的平等理念，需要从关注思想政治教育的可接受性和关注思想政治教育对象的个性特征着手。在针对大学生的类本质进行整体教育的同时，还必须针对大学生的个性进行具体教育、个体教育。通过培养大学生独立思考和主动参与的意识，提升他们的自我教育能力和道德认知能力、判断能力、反思能力，帮助他们由他律走向自律，实现人的全面发展。

（三）服务理念导向

满足大学生的成长、成人和成才的需要是大学生思想政治教育的根本目的。处于成年初期的大学生，其道德观、价值观和人生观还未完全形成，如何避免精神障碍和心理不适是这一时期的主要发展任务。

近年来，大学生思想政治教育着重帮助学生解决了择业与就业、情感控制、生活交往、理论学习等方面遇到的实际困难，全面把握了大学生的实际情况，开展了有针对性的教育活动，取得了显著的成效。

1.教育性

教育者必须熟练掌握各种新媒体技术，才能通过各种新媒体平台了解大学生真实的思想动态，从而及时地帮助其解决负面信息的困扰，增强思想政治教育的有效性。在新媒体时代，海量的、复杂的信息虽然开拓了学生的视野，但也引发了许多问题。因此，教育者必须要建立健全师生互动体系，树立以生为本的服务理念，加强思想政治教育，最大限度地预防大学生心理问题的产生。

高校应积极组织、开展解决大学生实际困难和思想问题的教育活动，贴近学生的生活实际，将思想政治教育落实到理解的基点上，只有切实关心学生疾苦，才能使思想政治教育取得实效。

2.针对性

在当今新媒体主导的时代，大学生的语言习惯、娱乐方式、交往方式、思维方式、学习方式，以及生活方式都发生了极大的改变，各种信息影响着其道德行为，以及价值观念和思想意识的形成。因此，思想政治教育工作者必须联系大学生的生活实际，以服务理念为导向，全面地、真诚地贴近大学生的思想和情感，充分利用新媒体的优势，不断增强思想政治教育的感染力，引导大学生真正内化正确的道德观念。

　　高校在新媒体时代必须树立全面的教育理念，实现新媒体技术与传统思想政治教育的有机结合，以平等、引导和开放的服务理念作为导向，全面协调和统筹其教育内容。

第二章 新媒体时代大学生思想政治教育的跨界思维

所谓思维是人用头脑进行逻辑推导的属性、能力和过程。思维是人类特有的一种精神活动，是人类心理和动物心理的本质区别。诗人海涅曾经这样强调过思维的重要性，他说："思想走在行动之前，就像闪电走在雷鸣之前一样。"正确的思维方式是人产生正确行为结果的重要因素。在新媒体时代，大学生思想政治教育所面临的困境是客观存在的，为此需要我们转换不同的思维方式，从不同的角度探讨思想政治教育，而跨界思维正是促进大学生思想政治教育实现全方位转变，并朝正确方向发展的一个思维向度和逻辑起点。

第一节 大学生思想政治教育思维方式的困境与现代转换

一、思维方式的含义与基本特征

对新媒体时代大学生思想政治教育在其工作方面所具有的特点和规律进行研究，是为了更好地改进和加强思想政治教育工作。我们必须要针对思维方式的改进问题进行探索和研究。不同的思维具有的作用是不同的，只有对思维方式进行创新，使思维方式更加符合时代精神，才有助于人们从整体上认知客观世界以及更好地理解客观世界，才能指导人们改造客观世界。

（一）思维方式的含义

思维方式是指人类社会发展的一定阶段中，思维主体从自身角度出发，依据特定需要与目的，通过思维工具对客体对象，以及信息的思维活动的样式（模式）进行接受、反映、理解和加工的思维活动结构。思维方式是一种思维结构的同时，也是一种思维样式，前者是在实践的基础之上形成的，反映了思维主体、思维过程关系；后者是思维诸要素相互作用与结合而形成的，这一形成过程也决定了思维样式具有相对定型、相对稳定的特点。思维方式是一种定型化的思维形式和方法，是一种比较稳定的思维模式，在具有整体性特征的同时，也具有综合性的特征。

思维方式不同于思维形式和思维方法，存在着很多差异。思维形式是人们在实践基础上形成的抽象思维、形象思维和灵感等，包括了概念、判断推理等，人们是借助这些形式来表示思维内容和进行的思维活动的。另外，思维方式是人们用来对客观事物进行认识和把握的一种工具和手段，思维方法很大程度上规定着人们思维路线、过程，以及逻辑程序和具体形式，它还常常转化为人们观察和处理问题的具体方法。

（二）思维方式的基本特征

思维方式产生于人类的生产、生活活动中，在具有特殊性的同时，也存在着共同的特征。

1.时代性

第一，思维方式总是产生于特定的历史条件之下，因此思维方式的产生与形成具有明显的时代性。思维方式是特定时代生产方式的内化，也可以说是在特定时代生产方式下的一种观念形态，是思维方式所产生时代的精神标志。

第二，一种思维方式的作用与前途会受到社会历史条件，以及社会的发展状况的影响与限制，一种思维方式本身具有的品质决定了该思维方式所处社会的作用和地位。另外，思维方式还受时代状况的制约。简单来讲，就是一种符合历史和社会发展要求的思维方式有着强烈现实性，其势必会极大地推动社会发展。反之，思维方式与历史和社会发展不相符合，那么尽管在短时期内这种思维方式会有一定的市场，但是，一旦它的局限性和危害性显露出来，就会被人们所剔除，进而被新的思维方式取代。

2.相对稳定性和独立性

作为一种观念形态，思维方式有着自身独特存在与变化的规则，并且与历史的变化、发展之间存在着一定的张力，也就是说思维方式与社会历史不是一种同步发展的关系，因为社会历史的变化，要经过许多中间环节的过滤与反冲，才能对思维方式的产生发生影响。

思维方式的变化是在多种因素综合作用的影响下而形成的结果。思维方式具有的相对独立性与稳定性两种特征，通常体现在思维方式的发展、自身所具有的规则和规律上。

3.群体性

关于思维方式的群体性，描述起来就是对群体中单个具体的人的思维活动所具有的共同特点以及特征进行的一种概括，是该群体思维活动总体面貌的一种显示。思维方式的群体性特征体现了每一个群体都有着独特的思维方式。依据不同的标准可以将人类划分为许多大大小小的群体。

不同群体之间的思维方式的差距，是他们的社会生活所具有的差异性在观念领域中的反映。思维方式具有的群体性特征具体表现在思维方式的民族性、阶级性，以及行业性和团体性等特征之上。在一定群体中生活的任何一个个体，尽管他有鲜明个人特征的思维方式，但是他的思维方式一定有他所生活群体的思维方式特征。

（三）新媒体时代下的思维方式

由于思维方式和社会存在方式，以及实践方式之间存在着紧密的联系，因此思维方式具有时代特征、区域特征以及民族特征。处于不同时代下的思维方式，都各自有着明显的时代特征。相对于思维方式的共性特征来说，处于新媒体时代下的思维方式，主要有如下特征：

1.系统综合性

系统综合性还可以称为系统综合、辩证综合，但不能称为机械综合。在新媒体时代背景下，现代实践将会直面复杂性客体。同时，随着现代实践规模的不断扩大，经常需要利用诸多学科来进行整体配合和协同工作，如经济学、政治学、社会学，以及生态学、心理学、美学等学科。这就对我们的思维提出了要求：要离开"实体—属性"的范围，转向"关系"之中，并深入其中，使思维从事物的实体质得以上升到关系质、整体质，以及系统质。思维依据系统综合，可以使整体不再是部分的总和，而是产生系统的整体质。

2.动态开放性

首先，由于新媒体不是静态的而是动态的，所以新媒体是一种动态思维。立足于发展的不可逆性、多样性（个性、可选择性、包容性）、随机性（弹性）、发展主体的能动性，是思维的目标、程序，是方法的自我调节。其次，新媒体是开放的，因此目标的控制和程序方法的控制都是通过与周围环境的信息交流而实现的。

3.自觉创造性

这一特征的基础是新媒体的强大信息功能以及逻辑思维。人们具备的多角度思维，使人的思维效率提高，有利于人的个性化发展和全面发展，使人们的智慧潜力也进一步得到激发，极大地促进了主体的发明能力、创造能力的提高。

4.反理性

逻辑思维与辩证思维都属于理性思维。处于新媒体时代背景下的思维方式，对人的非理性思维对理性思维的影响进行了充分的估计，可以说新媒体时代思维方式的形成，是理性思维与非理性思维相互作用和相互促进的结果。关于现代实践的总目的，就是充分满足主体的个性化需求，这不仅是可持续发展的需要，也是人的全面发展的需要。若是现代企业按照用户的个性化需求来进行一种有效生产和服务，那么就可以冠以"个性化服务"，或者是"敏捷制造"的名称。

（四）正确处理社会现代化与思维方式之间的关系

新媒体时代的思维方式，是一种现代思维方式，它与现代化的要求是相吻合的。从根本上来说，社会的现代化与思维方式的现代化是互相促进、相辅相成的。现代化是一种动态描述，主要是描述传统文明转向现代文明的动态过程，是一场在物质、政治、精神领域的历史变革。现代化是社会和人的现代特性的发生、发展的过程和结果。在这场深刻的历史变革中，人的力量对于社会发展和历史进步来说，有着决定性的推动作用。现代化是指"物"和"人"的现代化，而实现"人"的现代化的关键是人的思维方式的现代化。人们要具有现代的思维方式，这是指人不仅要具有现代的思想观念、意识形态，同时还要具有现代化的价值取向以及现代化的思考方法，这不仅是实现社会现代化的要求，也是适应新媒体时代的要求。"传统人"若是想要朝着"现代人"进行转变，只有接受现代思维方式的指导和支配，才能实现。进一步来讲，人的现代化的前提就是人的思维方式的现代化。因为思维方式与社会现代化是相互依存和相互作用的，有着紧密的联系，是不可分割的，其相互作用的关键之处是在一定时代的生产力水平下，尤其是科学技术的发展水平，不仅直接影响着这一时代中人们的存在方式，还决定着人们的社会心理与价值取向。一方面，人们的思维方式直接受到这种社会结构和与社会结构相联系着的社会心理和价值取向的影响；另一方面，人们通过社会心理和价值取向发生的变化去影响社会结构，使其相应地发生改变，最终促进生产力的发展。这几种因素之间的关系，是一种辩证因果关系，而并非一种机械决定论的因果关系，是一种多因素同时相互作用而形成的立体交叉的网状结构。

思维方式作为存在于人的思维活动中的一种基本依据和模式，主要是用以理解、把握和评价客观对象，同时也用以确定自己的行为方式。思维方式的变化，在社会发展中可以说是一个具有根本性的变化，这一点在哲学思维方式中尤为明显。作为时代精神的结晶，思维方式集中地表现了关于时代发展的两个方面的内容，即本质趋向和内在要求。

综上所述，由传统的农业文明转变为现代文明，势必要经历哲学思维方式的根本变革，只有当人们改变了看待一切问题的思维方式，才能使社会形态得到彻底的改变，才能使社会生活发生深刻的变革。可见，社会的现代化就开始于思维方式的变革；实现不了社会的一般成员所具有的思维方式的普遍变革，就无法实现现代化。而对于社会一般成员来说，他们思维方式的普遍变革有赖于社会结构的变革。总之，思维方式的变革与社会现代化思维方式的变革既是社会现代化的原因，又是社会现代化的结果。

二、传统大学生思想政治教育思维方式的困境

思想政治教育工作属于社会精神生活层面的工作，不仅承担着塑造人的灵魂的重要责任，还对人的现代化过程有着重大的意义。不管是社会的现代化，还是人的现代化，都对高校的相关思想政治教育工作者提出了思维方式上的现代化要求，同时，这也是思想政治教育工作现代化赋予思想政治教育工作者的一种使命。

（一）哲学层面对思维方式的审视

时代的发展与变革，为大学生思想政治教育带来了新的机遇和挑战。思维方式要想从传统的思想政治教育中得到突破就要依靠哲学，因为哲学能反映出时代精华。新媒体时代背景下的大学生思想政治教育，需要以反映时代精华的哲学思想为理论指导，只有在与时代精神相契合的哲学理论指导下进行构建，依据哲学思维方式的变革来指导思想政治教育的变革，才能促使时代、哲学与思想政治教育产生良性互动，才会显示出旺盛的生命力。

这里论述的思维方式严格上来讲是一种哲学层次的思维方式。首先，从逻辑而非时间意义的角度出发，思维方式是人们在一定时代中的理性认识方式，包含了人的各种思维要素及其结合，按一定的方法和程序表现出

来的一种相对稳定的定型化思维样式。思维方式还是认识的发动、运行和转换的一种内在机制和过程。

简而言之，关于哲学思维方式的述说，是指人们思考哲学问题的一种基本思路，对于特定的思维方式来说，只能用于特定对象的追问过程。不同于一般意义上的思维方式，其所具有的具体方法和操作技巧，以及哲学思维方式更加偏重人们的认知取向和实践态度。一方面，围绕着哲学所追问的对象，主要会出现两种可能：其一，是现成的对象；其二，是非现成的对象。另一方面，以哲学思维方式为划分标准，这时可将哲学划分为两大类别，即古典哲学和现代哲学，前者以现成论为主导思维方式，后者以生成论为主导思维方式。

已完成性是现成论思维方式的关键词。已"是其所是"，所追问的是"它是什么"。从现成论的角度看思维方式，即一切都是已完成的，并且都有一个本质，可以说这个本质决定着对象的"是其所是"，在具有一定的预设性的同时，还带有绝对化的倾向。事实上，这些思维方式体现的本质主义思维包含了"本质先定、一切既成"的思维逻辑。

未完成性是生成论思维方式的关键词。未完成有永恒处于生成变化之中的含义，这一种思维方式的追问具体表现为"它如何、它怎样、它可能怎样"。在生成论思维方式中的一切都是生成的，并且都是永恒变化着的，不再存在一个预定的本质。

现成论将思想政治教育的重心转移到以知识探究或道德推论之上，人们在这种思维方式的影响下，专注于人之"是其所是"之根据，而忽视了关于人之"是其所应是"方面的生活内涵。目前，在思想政治教育领域，若是想要深入大学生的心灵、消减教育双方之间的鸿沟，就要突破现成论思维方式的困境，不以体系建构为中心，也不将统一性理论的论证作为基础，而是立足于生活的细枝末节，来体现人类处境中"人之是其所应是"的生活向度。

（二）实践层面对思维方式的反思

传统大学生思想政治教育普遍运用的是现成论思维方式，人们通过这种方式来认识世界、解释世界，从而找到规律与本质，并对规律和本质进行把握。在过去的实践过程中，这种思维方式也曾在推动思想政治教育的转型中（由传统转向当代）起到了重大作用。但是，这一思维方式对预设性和确定性两方面上的片面追求，使其在教育过程中忽视了人的全面自由发展，导致其成为阻碍大学生思想政治教育效果实现的因素之一。

1.抽象隔离性

在过去，现成论思维方式曾对人类哲学和智慧的发展起到了极大的推动作用，但是随着科学的发展，以及人们对哲学问题研究得愈发深入，其所具有的缺陷日益暴露出来。当前，伴随着日益复杂的现代人类社会环境，特别是随着新媒体技术的产生，现成论思维已无法再解决存在于人们生活实践中的许多突发问题。

一方面，大学生思想政治教育在现成论思维的指导下，由于其与国家意识形态在内部是相对一致的，必然会呈现出诸多特点，如在教学目标方面上的预成性、在教学内容方面上的抽象性、在教学方法方面上的灌输性等；另一方面，在现成论思维方式指导下的思想政治教育，偏重知识探究或道德推论，或是追求"放之四海而皆准"的教育规律。关于这种思维方式对思想政治教育所产生的影响，具体如下：

第一，现成论思维方式，把人理解为一种抽象的外在研究对象，关注的是学生"是其所是"之根据，不仅与学生的生活内涵相隔离，还与学生的关系背景相隔离；

第二，现成论思维方式，忽略了学生的主体地位，也没有考虑到对学生的人性关怀，更加严重的是还可能出现"强权式"教育；

第三，现成论思维方式指导下的思想政治教育，导致实践状态与生活状态之间产生了隔离，在这种思维方式影响下的教育方式，只要求学生牢记内容以及按要求行事，没有重视对原则的内在原因的解释；

第四，现成论思维方式，势必会导致在思想政治教育方面所传授的规范、规则无法与学生身心进行交融，无法走进学生的内心世界，无法与学生产生共鸣，最终会使思想政治教育的生命力下降。

2.凝固僵化性

现成论思维方式，将教育活动视为一种可以预定的、不变的，并且是现成存在的机械运动，这一思维方式易使一些概念凝固化。思维方式凝固化必然会导致大学生思想政治教育由于无视环境的变化，从而忽视了教育的对象，将他们看作了僵化的、一成不变的人。

对于现实世界的人来说，这种形而上学的对象性思维是不能完全适用的，只有在运用生成论思维方式下的教育，才能由传统的哲学思维方式转变为现代哲学思维方式，只有这样才能使学生真正获得主体性。

目前，高校的思想政治教育，在多数情况下都与现成论思维方式之间有着内在的冲突和矛盾，导致思想政治教育的特征没有办法体现出来，这不仅影响了思想政治教育的实效性，还使得思想政治教育的效率一直处于较低状态。可见，对于问题的解决来说，第一步需要改变的就是传统的思维方式，使其由现成思维转向生成思维，这是非常重要的。

三、思维方式现代转换的必要性

（一）思想政治教育突破抽象隔离和凝固僵化

从大学生思想政治教育思维方式的角度出发，从现成转向生成是一种历史必然。从事物的本质角度看世界，它是产生于混沌的一种东西，是某种发展起来的东西，同时也是某种逐渐生成的东西。在中国的社会转型时期，一切预设假想的思维方式，对于思想政治教育来说，只会使其缺乏灵魂。

生成论思维方式的形成是对现成论思维方式界限的突破，由用现成论思维方式去关注、思索客观世界的目标，转变为以生成论思维方式为主导的关注人本身的目标。这不仅要求教师在进行思想政治教育时做到与时俱进、转换思维方式、遵循人成长与发展的规律，还要求教师将生成论思维作为核心指导思想，将思想充分融入教育的每一个环节之中，使思想政治教育始终与人的成长和发展规律相一致，使教化功能得以充分发挥。

（二）思想政治教育本身是一个过程

思想政治教育的各要素，包括了主体、客体、环体和介体，它们共处于一个动态系统中，具体来说是一个生成和发展的过程。

在生成论思维视域下的思想政治教育，可以说是确定性和不确定性进行统一的过程，同时也是促进人不断进行转化和生成的一个过程。

首先，确定性具体来讲是一个转化的过程，目标是转化预设性和规范性的知识，如对社会道德规范进行转化，使之成为学生个体的品德等。

其次，不确定性主要是指在生成活动中体现出来的一种现实性和动态的发展性。存在于特定的教育环境中的诸多因素，包括了教育主体之间的交互作用，包括了教育主体间内隐的思维活动，还包括了外显的操作等。发展的过程由于受到这些因素的影响，总是充满了不确定性、非现成性以及动态性，是在这种前进发展中的一个连续过程。

总而言之，大学生思想政治教育过程的确定性与不确定性是相互的、统一的。其中，不确定性并不是对确定性的全盘否定，也不是对确定性的机械排斥，而是对确定性的动态呈现，同时也是以这一动态生成的过程，来不断收获新的体验、经验以及观念等。确定性与不确定性、规范性与开放性，以及客观性与主观性等都动态地交织在过程之中，通过动态的转化和生成来促进思想政治教育活动过程价值的实现。

（三）探索和实践主体思维方式的现代转换

1.探索和实践主体思维方式的必要性

探索和实践主体思维方式，已成为新媒体时代创新大学生思想政治教育工作，增强思想政治教育工作的针对性、实效性、主动性的必然要求。

第一，随着新媒体的发展，面对大学生思想政治教育工作的创新需求，势必要转变主体思维方式。我国高等院校的思想教育工作具有十分重要的地位，它保证了学校的改革、发展以及稳定。但是也应注意到，伴随着改革开放进程的不断加深，以及社会主义市场经济体制的逐步确立，相应的大学生思想政治教育工作，不仅在环境、对象方面产生了巨大的变化，还在内容和渠道方面产生了巨大的变化，一系列新的问题也随之产生。

因新媒体时代的新特点而使大学生思想政治教育工作正处于一种全新的情境中，这要求人们必须要对思想政治教育工作问题加以关注，不断围绕着学校的思想政治教育工作进行改进与加强，不断在继承、发扬优良传统的基础上，进行更加深入的探索，以及进一步的发展和创造。

第二，为满足大学生思想政治教育工作中主动性、针对性、实效性三方面增强的需要，必须要通过主体思维方式的转型来实现。在高校，相关思想政治教育工作的活动过程，主要由实践中思想政治教育工作主体的思维方式的运用和展开构成的。主体面向客体开展工作的第一步，就要对具有先进、科学特征的无产阶级意识形态有一个充分的把握，然后再通过工作实践与客体联系来对客体进行影响和改变，最终使客体更加符合自身传播的意识形态要求下的思想，以及这一要求下的行为。

工作实践是指一种具体的思想政治工作活动，是联结主体与客体的中介。尽管实践连接了主客体，但也只是作为在思想政治教育工作中主体作用于客体的一种外显中介。而主体思维方式，才是用于联结主体、客体，以及作用于客体的内蕴中介。它不仅连接着主体的最高理论层次，还连接着主体的具体实践层次，前者包括了主体的世界观、人生观等方面的层次，后者连接着主体的工作作风，以及主体的工作方法等层次。同时，它也通过工作实践来对思想政治工作客体产生间接作用，从而实现将主体所需传播的意识形态逐渐转化为客体思想行为。而恰恰是因为主体思维方式的不同，所以当面对同一思想问题时，就会产生不同的敏感性及看法，针对问题的解决提出多种路径，从而获得不同的结果。

因此，只有不断对主体思维方式进行创新，不断加强主体对科学的现代思维方式的掌握，才有助于主体在理论上把握思维方式与思维内容相互作用的规律。不仅使主体在大学生思想政治教育工作的相关实践中的主动性得到增强，还能使思想政治工作，包括了"以人为本"思想，以及相关"疏导"方针，得到更为有效的贯彻，真正在教育过程中做到讲深、讲透、讲全，同时以理服人、以理育人。实现更为有效的、有针对性的思想政治工作，还可以使客体掌握更高的认识世界与改造世界的能力。

第三，主体思维方式的转型，是一种针对当前大学生思想政治教育工作存在弊端的有效解决手段。在大学生思想政治教育工作方面，高校不仅还没能适应当前的新形势，而且还不能对新问题的状况进行解答，有很多不完善之处，存在着一定的滞后性。

大学生思想政治教育工作的客体主要是学生，这一特殊群体不仅充满了生气，还有着十足的创造性与活力。除此之外，新媒体时代从客观角度上造就了大学生思想政治教育工作环境的高度开放性，因而客体的思想变得更加活跃。加之新媒体时代在信息获取方面愈加趋向方式的多样化，同时，人们也逐渐改变着获取信息的形式，这样有可能出现客体所掌握的知识和信息在实质方面上超过了主体、在时间方面上领先于主体。主客体之间的关系由于这种变化不再是单向关系，而是逐渐发展成为双向关系。

高校教育管理的传统观念中，由于思想政治教育工作者满足于多年形成的惯例，只关注工作中感性的东西，而忽视了对客体变化和主客体关系二者的再认识，制约了思想政治教育工作的变革，使之不能与时俱进、有所创新。因此，主体要对自身在大学生思想政治教育工作中的相关实践过程中所涉及的地位、职责、使命等，有一个足够清醒的认识，同时要随着实践需要的不断发展，要求主体思维不断改变。

总而言之，主体在思想政治教育工作实践中代表着教育的施加者，而客体则代表着教育的接受者。主体必须在对新时期客体现状的改变和由此带来的主客体关系的重构予以充分认识的基础之上，创新思维方式，针对客体的信息以实践和认识活动的方式来进行吸收，加工过后成为主体观念的内容；为实现主客体的统一而设计出符合客体特点的方式、方法；针对当前存在于思想政治工作的弊端进行解决，最终实现教育的效果。

2.新媒体时代背景下的思维方式

基于上述认知，新媒体时代大学生思想政治教育工作者应具有与高质量的思想政治教育工作相适应的思维方式，为此，思维方式必须从封闭性思维转向开放性思维。首先，封闭性思维的立足点就是在面向自己、眼前、内部的同时，习惯于自我约束，并且在思维视野方面相对狭窄。封闭性思维方式在工作方面上的反映，一方面表现为思想政治教育内容单一化；另一方面，体现在工作方式的固定化之上，忽视工作对象的想法，将之固定在条条框框之中。其次，开放性思维是一种开放的体系，这种体系是多元化、多层次的，并且处于不断运动变化之中。这种思维主张坚持并发展与外界进行交换与交流，以此来扩展思维的空间范围、扩展思维的时间跨度，针对工作中的新信息和新经验进行及时收集，始终保持着思维与外界变化发展着的事物的联系，进而实现对客观事物有一个正确认识的目的。

要想树立开放性思维方式，则需做到以下三点内容：

首先，确立思维的广泛性。在考虑问题时，不仅要重视事物的内部联系，还要对事物的外部联系加以重视。另外，还要在了解相关学科的国内、国外的研究成果的基础上对其进行借鉴。

其次，确立思维的变动性。应对新信息、新知识有一个及时的了解，基于实际情况，对行为目标和行为态度进行调整，促进实践朝着最佳方向发展。

最后，确立思维的互补性。高校的思想政治教育工作者要重视与其他高校的交流，从而更好地取人之长，补己之短，保证大学生思想政治教育工作能跟上时代的步伐。

思维方式必须从单维性思维转向多维性思维：首先，关于单维性的思维方式的表现，可能是一个思维指向、一个思考角度，以及一个评价标准和一个思维结果。由此可见，在这一种思维方式的影响下，人们的思想会受到束缚，教育者会受到其影响而形成一种求真、求纯和单一的思维模式。其次，多维性思维方式则有着多个思维指向、多个思维起点，以及多个评价标准和多个思维结论。在这种思维方式的影响下，人们将会形成完整的互补思维结构。我们要想实现多维性思维方式的构建，应做到如下几点：

首先，坚持思维的多角度性。对思想政治教育工作中出现的问题，不仅要考虑正面，还要注意考虑反面；不仅要注重顺向思考，还要注重逆向思考；要从全局上看问题，从多个角度看问题，做到多条思维线索的有机结合。在新形势下，思想政治教育除了必要的灌输外，还应更多地考虑如何从知、情、意、行等方面来加强其渗透性、感染力和实效性；同时要广泛运用多种教育载体，增强工作的效果。

其次，坚持思维的多层次性。要注意根据不同层次对象的不同情况而对症下药，由于大学生的个性、素质、来源、家庭影响、受教育的程度、学习动机等方面存在差异，他们的思想状况存在着一定的层次性。在调查研究、准确把握学生思想层次性的基础上，主体应本着实事求是的态度，制定出符合不同层次教育目标的方法，做到先进性和广泛性的统一。要针对不同层次的大学生，按照不同的教育目标，采取不同的工作方法，分层次地进行思想政治教育，做到有的放矢。

最后，坚持思维的多标准性。在实际工作中，要求尽可能地运用多种原则、多种标准综合评价，以使结果相对客观。

思维方式必须从静态型思维转为动态型思维。静态型思维这一思维活动方式，是指从某一固定观念出发，按照固定的程序来对思维成果进行把握。在大学生思想政治教育工作中，静态型思维的主要表现形式包括完成式、总结式、经验式以及结论式，如在学期结束后进行的一番总结，总结要能反映出关于学生的真实思想问题。总之，要想使思维由静态型转变为动态型，教师就要做到密切关注大学生的思想变化。

思维方式必须从滞后性思维转向超前性思维。超前性思维，就是通过现有的知识、经验和手段来推理和判断出关于思想政治教育工作的未来，并且以未来趋势和目标来对现实进行引导的一种思维。传统的思想政治教育工作相较于工作对象这一主体，在思想行为发展的过程与阶段方面上是存在着一定滞后性的。这种思维方式，不符合人思想行为的演变规律，同时也违背了存在于思想政治教育工作之中的动态运行规律，没有抓紧教育人、启发人以及化解矛盾的一个最好时机，导致教育工作处于被动的局面。信息网络化的不断发展，对思想政治教育工作者提出了要始终站在时代前沿的要求，要具有把握学生思维现状的能力，以理性分析来找出规律，并且预见发展趋势。此外，还要求思想政治教育工作者要具有超前性思维，最终通过未来趋势和目标引导现实。

综上所述，随着新媒体时代的到来，必须要实行"跨界"，在多个领域寻找新的交叉点、定位点以及融合点，来促进一种新的思维方式——跨界思维的出现，只有这样才能打破新媒体时代大学生思想政治教育的困境。

第二节　跨界思维的内涵及其内在合理性

一、跨界思维的内涵

跨界这一词汇本来源于欧美乐坛，再后来被设计、营销等领域所广泛引用，流行于当前的诸多行业领域之中，其含义概括为对界线的跨越。关于跨界思维，它是一个全新的概念，述说起来就是一种思维方式，主要用于多角度、多视野地看待问题，以及提出解决方案。跨界思维在代表着一种时尚生活态度的同时，也是一种新锐的思维特质。跨界思维一方面强调互涉、交叉与跨越；另一方面有综合之意，它是灵活多样、开放的，而不是封闭的。因此，要从多个角度看问题，寻找出关于问题的关联交叉点，并将多领域知识进行融合。

在新媒体时代，跨界思维可以起到一种理性向度的作用，用以寻找和发现新的交叉点和定位点。这一理性向度对大学生思想政治教育工作者提出了要求，促使他们要以更具深度的思想、更加广阔的视野、更具高度的素养，以及更加丰富的生活经验，对思想政治教育进行整合，最终实现最佳的思想政治教育效果。

（一）什么是界

在《新华字典》中"界"有四个含义：一是指事物相交的地方，一个区域的边限，例如，国界、边界；二是指范围，例如，眼界、管界，同时，特指按职业或性别等所划的范围，例如，企业界、科技界、时尚界、艺术界、妇女界等；三是生物分类中的最高一级单位，其下为"门"，例如，动物界、植物界，实际上，国际上对生物分类的最高一级定义为"域"，"界"应属于第二级；四是指地层系统分类的最高一级，相当于地质年代中的"代"，例如，古生界、中生界等。

（二）什么是思维

《新华字典》对"思维"的解释是"在表象、概念的基础上进行分析、综合、判断、推理等认识活动的过程"。

人类不是唯一具有思维能力的生物，许多动物都具备基本思维的能力，如猫、狗、猴、大猩猩等。它们的基本思维能力主要表现在两个方面：一是有存储记忆能力；二是有模仿能力。大猩猩还具有使用基本工具的能力。所以说，思维是人类特有的精神活动的说法是主观、片面的。

为什么说有些动物也具备基本思维的能力呢？

首先，几乎所有动物都具有记忆能力，老马识途是最广为人知的证明，在某种程度上有些动物的记忆能力甚至超过了人类。

其次，某些动物还具有模仿能力，我们说模仿是智力水平的一种体现。动物也具有思维能力，但是它们只具备基本思维中的惯性思维，不能够进行高级思维，如立体思维、逆向思维等。在现实生活中，大多数的人类经常使用惯性思维，很少有人使用立体思维和逆向思维，更不用说使用跨界思维了。动物因为其大脑不具备产生高级思维的组织构造而不能拥有高级思维的能力。若一个人具备这种头脑却不去学习和思考，那么这个人的思维就与动物的思维没有多少区别了。

（三）界的再定义

随着人类对世界认知的不断发展，新的物种、新的领域不断地被发现，"界"的定义也在不断地发生变化。以生物学分类为例，从开始的植物界、动物界，到现在已经有病毒界、类病毒界、古细菌界、细菌界、蓝藻界、原生生物界、真菌界、植物界、动物界九界。以产业分类为例，人类开始只有一个产业，发展到现在已经可以分为三大产业了。

第一产业是指提供生产资料的产业，主要包括农业、林业、牧业和渔业等；第二产业是指加工产业，利用基本的生产资料进行加工并出售，主要包括采矿业、制造业、建筑业等；第三产业是流通和服务业，主要包括交通运输业、通信业、商业、餐饮业、金融保险业等非物质生产部门。近十年来，属于第三产业的互联网产业正飞速发展，目前其相关总产值已超过了第一产业，未来几年也将会超过第二产业。当原属于第三产业的互联网产业其总产值已远远地超过了第一产业和第二产业之后，我们还能心安理得地把互联网产业依旧归属于第三产业吗？未来互联网产业能否成为单独的一大产业，还未知晓。

（四）界的局限性和思维的无限性

我们说思维具有无限性是指思维是自由的，其自由性是不可限定、无边无际的。但思维的无限性需要建立在人类对已知世界的认知上，而人类对已知世界的认知是有限的，对未知世界甚至是相对无知的，所以思维的无限性也是相对的。随着人类对未知世界的探索与思考，原有事物界的范围将不断扩大，界的分类标准也将不断调整，界的局限性将会进一步制约人类的思维。所以，人类想要征服未知世界，就需要有跨界思维。

前面解释了界的局限性和思维的无限性，但还是没有解释什么是跨界思维。这是因为在解释跨界思维前还需要一些理论的铺垫，以便于让人们理解跨界思维。

（五）跨界思维的主要特征

1.多视角性

就跨界思维本身来说，是需要多视角性的，也就是以不同立场来进行观察和思考问题，找到这一问题与其他思维的交叉点。由于人们的阅历和经历的差异，在现实中，对于同一事物，不同的人的观察角度是不同的，因而得出的结论也是不一样的。面对这种情况，只有善于从多视角看待问题，才可以避免看待问题不全面的问题，避免处理问题的方式、方法不当。

思想政治教育工作者要是想要做好思想政治教育工作，一方面，在以教育者的角度看待问题的同时，也要站在大学生的角度看待问题；另一方面，思想政治教育工作者在思考问题时，要站在多个角度，如社会、学校、家庭等，跨越看得见、看不见的因素，最大限度地从多视角来寻找最佳交叉点，最终实现最好的思想政治教育的作用。

2.多关联性

跨界思维强调关联性，重视多领域知识的融合，随着新媒体的发展，兼具了人际传播与大众传播两个方面的内容。同时，它还有着强大的信息整合能力，它需要思想政治教育工作者具有对不同学科的综合归纳能力，并且还要求他们有对这些知识和信息进行融合的能力。跨界思维具有的这种多关联性，在满足了多领域信息进行融合的同时，也使得思想政治教育的作用可以得到更好的发挥。

思想政治教育作为一个系统过程，其各个要素之间存在着紧密的联系。一方面，当思想政治教育的各个要素（如教育者、教育对象、教育内容等）都处于无相互关联状态时，那么现实的教育活动是无法实现的；另一方面，只有当这些要素处于相互关联、相互作用的状态下时，思想政治教育才能充分发挥出最大的运行效力。

3.多样性

因为不同的人所接触到的环境以及领域都是不同的，在大学生思想政治教育工作中，教师只依靠传统思维，显然是无法胜任工作的，教师只有通过跨界思维来将各种思维进行整合，具有在面对多样的大学生、多样的自己，以及多样而复杂的育人环境时，运筹各种思维的能力，才能更好地解决新媒体时代背景下存在于思想政治教育中的问题。而大学生在接受各种信息的同时，还要面对复杂的环境，所以只依靠固定的思维模式来面对多样化的生活是不够的。

4.创造性

关于跨界，主要是指不同领域间的跨界合作，同时也是思维嫁接的体现。这里所指的嫁接，是一种全新的再造，而不是一种简单的思维叠加。创造性思维的多向性发展，是指在继承了所跨各界的优秀特性的基础上，其自身也呈现出了超乎寻常的创造性价值。这种创造性价值能够从多个方面体现出来。

（六）跨界思维的现实意义

1.跨界思维有助于解决社会问题

如今，人类文明正经历人类历史上从未有过的高速发展阶段，同时人类也不断地遇到因为高速发展所带来的从未有过的疑难问题。

来自不同领域、行业甚至不同文化的"跨界竞争"或"跨界合作"能够打破传统的思维定式和运作模式，带来意想不到的激荡和变革，进而开创一片新领域、一种新风格或者一个新模式。然而，曾经用过或当今流行的东西越是不断完善，其风险也就越高，我们就越容易走进精益化延伸、同质化竞争的死胡同。在这种情况下，无论我们怎样加倍努力，都难以化解被动挨打的命运。"跨界"为"更有效地跨越"开启了新思路、新办法，可以使我们在自己最擅长的领域超越对手、战胜对手。

2.跨界思维有助于人类探索未知世界

通过跨界思维，人们能够在不同的领域、不同的行业、不同的科技、不同的物种、不同的文化、不同的基因中去重新发现和建立它们之间全新的内在逻辑关系，从而产生新的领域、新的行业、新的科技、新的物种、新的文化、新的基因等。在思想政治教育中，通过跨界思维教师能探索出更加有效的教育方法、教育方式等。

3.跨界思维有助于人类实现个人梦想

当一个人拥有了跨界思维能力之后，他就能够用它来实现自己的梦想；当一个人拥有了跨界思维能力之后，就如同打开了潘多拉盒子，盒子里同时释放出了贪婪、虚荣、自私、野心等。因此，当一个没有良好的品德、没有坚定的意志、没有奉献的精神的人拥有跨界思维的能力后，对自己和人类来说都可能是灾难。相关思想政治教育工作者，只有在兼具跨界思维以及良好的品德、坚定的意志和奉献的精神，才能更好地实现育人的目的。同时，大学生也要对自身行为进行约束，正确运用跨界思维。

4.跨界思维有助于我国早日实现中国梦

缺乏信仰，思想落后，缺少跨界、创新的思想，势必会阻碍我国新媒体背景下社会经济的发展。因此，现在社会上正大力提倡社会民众去创新、创造。可是创新需要思维方法，创造需要动手能力，而学会跨界思维就能够拥有创新的思维武器，参加创客活动能够充分拓展自己的视野，组织大家一起跨界创新。我们现在需要齐心协力开动脑筋，为我国早日实现中国梦贡献自己的一份力量。中国的未来经济发展需要跨界思维，中国的政治体制改革需要跨界思维，中国的教育体制改革需要跨界思维，中国的思想政治教育更需要跨界思维。

二、新媒体时代大学生思想政治教育跨界思维的内在理路

（一）合理性

1.生成性思维方式的价值实现

跨界思维，述说起来其实是一种动态的变革和超越，并且大学生思想政治教育也可以概括为一个动态的、综合的过程。若是想要突破"思想政治教育是什么"这一领域，实现关于"思想政治教育如何是"中的一种现实思考，首先需要考虑的是"如何是"，而不是"是什么"。在现成论思维指导下的思想政治教育，忽视了人与环境、自身、社会以及自然的四重关系，表面上看是重视人的教育，但实际上却只是赋予了"人"政治的手段，背离了价值的诉求。马克思主义在其实践论里提到：一个人怎样生活，他就是怎么样的人；一个社会是什么样的，不在于它生产什么，要看它怎么生产，一个社会怎么生产，这个社会就怎么样……旧事物向新事物的转变必然要选择它作为基本的思维方式，才能推动历史，推动新生事物的发展。它要求人们认识事物既能结合历史，又能把握现实规律，呈现动态化和历史化的有机结合。马克思主义经典作家认为人并非"与世隔绝、离群索居"的，人类正是通过活动形成了客观的社会关系，进而又在这种社会关系中形成、完善自己的性格特点、价值取向和生活方式。

道德是基于社会关系而存在的，思想政治教育的教育活动应是一种"关系中"的活动。实际上，理解一个事物的过程，并不是由此事物去理解此事物的过程，而是一种由此事物相关的其他事物去理解此事物，也就是从彼事物的存在出发，去把握相关的此事物。步入21世纪以来，思想政治教育必须重视新媒体时代的特征，在互动关系中，围绕着人成为怎样的人以及人怎样成为人两个方面的内容进行追问，同时通过各种介质的互渗互斥来将对被教育者的导引作用充分发挥出来。总之，新媒体时代的大学生思想政治教育跨界思维是生成论思维方式的价值实现。

2.人才培养之必须

作为一门集研究人、培养人和发展人三方面于一体的学科，思想政治教育要从"现实的个人"的角度出发。我们的出发点，即从事实际活动的人，人就是这种观察方法的前提。这里的人不是指与世隔绝的人，而是指处于一定条件下的、现实的，并且还可以通过经验观察到，处于发展过程中的人。

在新媒体时代下，"现实的个人"已有了不同的生存状态，若是人们还继续保持着原有的在思想政治教育方面上的思维方式，则会极大地降低思想政治教育的实效性。

在现成论思维方式的指导下的传统思想政治教育，把人看作是先验存在物。教育实践中，这一观点在脱离了人性所特有的过程的同时，也背离了人性所特有的规律，导致原本充满人性魅力的思想政治教育，逐渐发展成为一种忽视学生主体能力的知识灌输和说教。新媒体时代，教师在大学生思想政治教育方面上，必须正确看待现实语境的变异，在讲授过程中，只用传统的理论框架和概念介绍是不够的，还应当突破理论框架、当前现实生存语境的界限，最终实现理论教学与现实语境的相融。

思想政治教育需要突破传统的知识传授和思想规训的教学，要打破传统教学方式对人心灵的束缚。只有把握住跨越理论与现实语境的界限，才能使思想政治教育为学生所接受，更好地达到预期的教育效果，实现师生间的视域融合。

3.课程改革之需要

在新媒体时代背景下的大学生思想政治教育，不能一直纠缠于性质、特点和一般规律，而要跨越理论与实践的界限，让学生围绕着现实案例，从多元视角和方法来处理具体问题，在探讨的过程中提升理论素养，消减学生在"学习思想政治教育有什么用"这一问题上的疑惑。

当代大学生所追求的是对流行的大众文化产品的消费，他们不一定会介入纯粹的理论知识，这体现了大学生对日益个性化和多元化的事物的兴趣。从这个角度上来说，思想政治教育是需要跨界的。

兴趣无疑是最好的老师，思想政治教育课程相较于其他课程，与大学生们追求的日常大众文化产品之间存在着较为紧密的联系。为了达到吸引学生的目的，教育工作者要跨越纯理论课程与社会文化之间存在的界限，对"主体间性"加以利用，并且通过对这些文化的评析，引起学生兴趣，加强学生对理论知识的掌握，通过切身体会式的学习方式来让学生掌握思想政治教育的相关理论基础。

4.人的全面发展的诉求

关于教育目的的理论基础，总的来说就是"人的全面发展"，这也是一种理想信念。就人的完善、和谐的追求来说，其主要体现了三个方面的内容：一是，人性的内在向往；二是，本能的自然追求；三是，社会进步和发展的外在要求。可以说，它是主客观的统一。"全面发展"主要包含了三个层次，即完整的人的发展、健康的人的发展、和谐与自由的人的发展。

在现成论思维方式指导下的传统大学生思想政治教育，强调人的社会适应性功能，对大学生提出了要遵守预设的社会规范的要求，用以维持社会稳定。现成论思维方式没有服务于学生的全面发展和终身发展。在新媒体背景下，人与世界、主体与客体，以及人和自己、对象之间具有的相互关系，是思想政治教育跳出工具性价值的趋势，实现价值的跨越，重视人类自我完善与发展多样性、丰富性的趋势。

培养全面发展的人对于大学生思想政治教育工作者来说，是其最为重要的责任。而这一责任的关键之处是对人的需要及能力予以充分的理解与尊重，在对人的发展的多样性和独特性加以重视的同时，重视和尊重人在生活实践中具有的关于自由选择和创造两方面的权利与责任，只有这样才能使思想政治教育的育人价值得以充分展现。

综上所述，在新媒体背景下，要培养跨界思维，将理解作为基础，将对话作为形式，将载体作为手段，将内容作为核心，不断对教育方式和方法进行创新，在新的社会环境和教育环境中，潜移默化地融入跨界思维。只有主动、提前将这一新的思维领域渗透于大学生思想政治教育之中，才能使教育拥有较好的效果，以及其所具有的历史的、现实的重大任务。

（二）可行性

1.新媒体形式的多样性能够吸引更多的教育主客体

新媒体时代，手机和网络成了思想政治教育载体的主要形式。教师一般通过直接打电话的形式或者是短信沟通的形式进行思想政治教育工作。网络上的沟通形式更加丰富多彩，有各种网站，比如博客、微博、论坛或者各种虚拟社区；还有各种聊天工具，比如 QQ、MSN 等即时沟通工具。学生个人的数码产品是重要的网络载体，比如，笔记本电脑、平板电脑、掌上电脑、智能手机等；甚至某些具有对话功能的网络游戏也是进行思想政治教育的载体和渠道之一。

新媒体与书信往来、电话沟通、报刊阅读和宣传、电影宣传、电视宣传等传统媒体思想政治教育形式相比，展现出了崭新的特点，具备很多前所未有的巨大优势。新媒体可以非常正式地作为学校思想政治教育的渠道，同时也可以将思想政治教育自然化，降低教育成本，减弱教育氛围的严肃性，能够在潜移默化中产生更好的效果。另外，使用新媒体的思想政治教育方式，具有更强的隐蔽性，所以在教育进程中大学生可以用新媒体，以更加隐蔽的方式及时提出反馈以及自己的意见等，这样给大学生安全感，保证大学生畅所欲言，保障学生能更加真实和顺畅地表达自己的想法。只有教育者和被教育者双方能够更加自由、更加真诚地进行交流和沟通，思想政治教育才能取得良好的效果。

总之，新媒体的快捷、方便、灵活、无障碍等优势，符合跨界思维的多视角性特性，从而为思想政治教育跨界思维创造了无限可能性。

2.新媒体信息传播的开放性能够提供共享平台

跨界思维的着力点是寻找思想政治教育的交叉点。新媒体的特点使它成为更加高效的思想政治载体。新媒体具有开放性的信息传播能力以及先进的传播工具。新媒体工具能够转换成一种信息共享的平台，这种平台使各种影响力量都能实现共同分享，从而有利于思想政治教育交叉点被迅速地找到，为信息工具的使用和信息资源的寻找提供便利。

在思想政治教育中选择新媒体作为载体，仅仅需要一个信息终端就能够进行各种宣传教育的信息沟通和交流。比如在论坛或虚拟社区发帖、写博客，用即时聊天工具发信息，等等。跨界思维的多关联性特征符合新媒体能够使媒体工具迅速转变为信息共享平台的特点，从而为思想政治教育跨界思维提供了物质基础。

3.新媒体技术主体的互动性能够增强渗透性

新媒体形式灵活多样，传播速度很快，互动性很强，有效地提升了思想政治教育的渗透性。运用新媒体的创新者，往往能够在工作的开展中将项目相互关联，从而取得良好的效果。在对媒体进行选择的过程中，不管是实施教育的一方，还是被实施教育的一方，通过新媒体，都能够进行信息的互动和传递。例如在思想政治教育的课堂教学中，可以改变传统课堂教学的单一模式，利用多种新媒体手段提升课堂教学效果。先进的多媒体技术的应用、丰富的网上资源的链接、对教学内容的在线讨论，都是能够丰富课堂内容、活跃课堂气氛、改善教学成效的有利方式。跨界思维的多样性特征与新媒体所具有的多种形式的特点相符合，从而为思想政治教育的跨界思维提供了有力保障。

第三节　大学生思想政治教育跨界思维的实现策略

一、理论与实践的跨界结合

跨界需要教育者能够通过实践，对实施的策略做出正确的选择。跨什么样的界？怎样跨界？这些问题务必要得到切实解决。跨界是突破新媒体时代大学生思想政治教育困境的一种思维方向，一定要使跨界思维与大学生思想政治教育创新发展的要求相符合、相协调。

渠道是信息流动的载体，对信息或商品是否被允许进入渠道或者继续在渠道里流动等做出的决定的，要么是依据公正的规定，要么是依据执行相关职责人员的个人想法。仅仅依靠灌输理论知识的现成论思维方式，事实上比直接呈现给我们的东西更加隐蔽和费力，这种思维方式所呈现的理论太过于抽象，严重打击了学生的积极性，削弱了学生的学习兴趣，增加了学生的理解难度，影响了学生的学习效果。理论与实践是彼此独立却又密不可分、相互融合的关系。理论与实践之间的张力和谐有度，理论来源于实践，最终还要应用到实践中去。大学生思想政治教育要想实现理论与实践的融会贯通，应注意以下两方面的内容：

一方面，我们强调的跨界，首先就是要从理论领域跨入更加宽广的社会实践中去，不能单一地依靠理论教学，而忽略了实践教学。力争使学生站在更多的角度去加深对思想政治教育理论的理解（包括社会层面的理解和文化层面的理解，也包含消费层面的理解等），以使学生善于探讨事物的本质，提升对理论的认知和运用能力。

另一方面，理论知识往往过于抽象和难懂，适当地对理论知识进行简化，使理论知识更加贴近生活是实现理论与实践融合的有效方式。教育者的教学方法以及传授的内容，对思想政治教育教学的意义和效果具有很大影响，尤其是对教育者和被教育者之间的视域融合的影响更为强烈。如果任意割裂理论与实践之间的关系，任意打破理论与实践之间的平衡，利用理论故弄玄虚，只会使理论更加抽象，更加晦涩难懂，达不到应有的视域融合效果，从而给学习造成障碍。单纯的说教不符合跨界思维的要求，我们要运用好理论，同时也要用大量的实践案例支撑起理论节点，使教育教学内容更加贴近实际、贴近生活。

二、学习资源的跨界融合

虽然教学形式越来越丰富，但不可否认的是，大学生思想政治教育的主渠道仍然是课堂教学。跨界思维就是充分发挥新媒体的话语权，使传统的课堂教学模式得到改善和提升。

在学习资源内容的设计方面，学习资源的设计需要进一步完善，教师要对学习资源的内容进行精心、合理的设计，使内容更加新颖、更加具有吸引力和说服力，既要保障教育内容的准确传达，还要保障这些内容对学生产生的教育效果和教育作用。

在教学内容方面，继承传统课堂教学方式的优势，融入新课堂教学模式，将二者有机结合，注重理论的教导，注重理论内容的精准传达。

在教学方法和手段方面，有效合理地利用多媒体技术，使相对枯燥的理论教学更加充实、浅显易懂、具有新意。学习资源的跨界融合包含三方面的内容：

第一，高校思想政治理论课是资源的核心内容。为了使教学内容更加吸引学生，根据政治理论课程的特点，应利用多种多样的现代化教学手段，将抽象的理论知识具体化，将枯燥的理论内容情趣化。应创造更多的高校思想政治精品理论课程，使学生乐于接受，乐于主动探索和学习。

第二，学习资源的跨界融合包括与核心内容相关的各种知识、资料和信息，这样更有利于学生对理论内容的理解和吸收，并且能显著提升学生的学习兴趣和探索精神。

第三，学习资源的跨界融合还包括对核心内容的延伸。在讲解理论知识的原理时，教师可以收集与此相关的新观点、新的研究成果以及其他教育者对相关内容的演讲等内容，达到拓展学生思维和视野的目的和效果。

三、部门间的跨界组合

利用新媒体技术，组合学校的校园风貌、建筑风格等物质要素，与学生共享管理与服务等制度要素，是新媒体时代部门间的跨界要求。打造特色网站是它的主要组合方式，建立"学校管理和制度"栏目，让大学生体验公开的学校管理制度，尤其是感受其中的"依法治校"理念，能够帮助学生建立起正确的法治观念，能够激发大学生的积极参与意识，有助于大学生遵纪守法习惯的养成和主人翁意识的增强。

四、教育主客体的跨界汇合

教育者与被教育者之间壁垒的冲破和精神家园的创建，真正使二者跨界汇合。跨界的汇合体现在以下两方面：

一方面，在教育者的团队建设上，注重理论对学生的影响力，利用多种多样的新媒体手段，加强与学生的亲密联系，促进学生的道德养成，激发学生的学识力量。具体表现在，辅导员和教师在网络上设立专门的网络空间，上传思想政治教育的相关资料，或者撰写与思想政治教育相关的博客，在网上进行相关话题的讨论和互动等。为了加强教师或辅导员与学生的联系，加强他们与学生之间的心灵触碰，保持有序和通畅的信息传递通道，教师和辅导员一般会将自己的微信联系方式和其他即时沟通聊天工具的联系方式在网上向学生公开，从而保证学生与他们的交流通畅。

另一方面，通过在线精神家园的创建形式或者实体的精神家园的创建形式建立起来的沟通渠道，能够帮助大学生建立良好的人际交往关系，化解心中的烦恼，培养积极乐观的人生观。在精神家园的构建过程中，需要对舆论规律进行深入研究，对学生的问题及时做出正面的回答，并对反馈效果进行跟踪，以便使精神家园的引导功能得到发挥。对论坛中出现的各种观点，要及时地做出分析和判断，深入了解帖子背后隐藏的情绪，了解事情的本质和真实情况，做出合理的反应，并以解决问题为目标做出正面的引导。

五、精神文化升华的跨界联合

新媒体文化建设纳入校园文化建设，是实现新媒体时代高校文化建设跨界联合的需求。加强大学生思想政治教育的信息化、数字化以及网络化等多种渠道的建设，能够使新媒体价值的影响与大学生思想政治教育更加协调，有利于二者之间的资源整合，创建一种信息回路，能够营造生动活泼、积极向上的校园文化气氛，能够让校园文化向更加宽广的方向拓展，能够将校园文化的功能发挥到最大限度。

新媒体方便快捷、简单易用、生动形象，具有传统媒体无法比拟的独特优势。由于这种巨大的优势，在使用新媒体的过程中，容易出现教育者以及被教育者对新媒体过度依赖的情况，从而降低思想政治教育载体的作用。从大学生的角度出发，这一群体的自我控制能力相对较差，所以更加容易对新媒介产生依赖。要改善这种情况，就需要高校信息监管部门的严格监督和控制，切实加强对新媒体信息的引导，以及对信息资源的筛选、净化和管理，从而为大学生创造出具有跨界思维的媒体环境。

第三章　新媒体时代大学生
思想政治教育的理论研究

第一节　新媒体时代大学生思想政治
教育的主要教学内容

"高校新媒体思想政治教育"并不独立于大学生思想政治教育，而是融入高校一般意义的思想政治教育之中，弥散于它的形式—内容间。在某种意义上，它是把"新媒体"作为一种形式—内容引入新媒体时代大学生思想政治教育。当然，这种"引入"并非无条件的、不加选择的，而是要遵循前面所述的理论、原则及方法。下面笔者将为"高校新媒体思想政治教育"形式与内容的构建提供大体的方向与层次。

一、"高校新媒体思想政治教育"形式的构建

在遵循前文所述及的理论、原则及方法的基础上，将"新媒体"引入大学生思想政治教育的形式层面，是"高校新媒体思想政治教育"形式构建的大体方向。具体而言，它包括两个层面：

（一）将新媒体作为一种新型的技术工具

将新媒体作为一种新型的技术工具、传播媒介、信息载体、教育空间、教育途径、交流平台及沟通渠道等，应用于新媒体时代大学生思想政治教育。这要求我们应加强高校新媒体建设，为新媒体时代大学生思想政治教育搭建完善而专业的新媒体平台，以此开展思想政治教育工作，使新媒体成为思想政治教育的另一种形式、阵地、领域与空间，且使之获得常态化、稳态化地发展。换言之，要大力开发与建设智能手机媒体、社交媒体、移动应用APP、网站、博客、微博、微信或QQ等教育载体，自觉地通过以上生产、传播与存储思想政治教育信息，开展思想政治教育的实践活动，进行思想政治教育方面的管理工作，与大学生积极对话、互动交流，与传统的教育形式、教育载体相配合，从而有效地渗透进大学生的日常生活与思想意识，给予他们潜移默化的积极影响、全方位的综合影响，使他们形成正确的世界观、人生观、政治观、道德观与法制观。为了更好地利用新媒体，形成良好的应用效果，发挥它的最大作用，除了要有必要的专业技术与硬件设备，还要建设一支深具新媒体媒介素养的大学生思想政治教育者队伍。此外，需要特别指出的是，要想以新媒体作为思想政治教育的媒介与载体，就要使教育信息适度而合理地采取新媒体的媒介形式与风格特征，而非把传统媒介上的教育信息原封不动地移植过来。比如，我们不能把书本上的知识信息以长篇大论的形式直接复制在微博上，发布在微博上的内容要篇幅精短、形式灵活、语言生动、具有时效性、图文并茂。

（二）将新媒体作为一种环境、语境、理念及模式

自觉地将新媒体时代大学生思想政治教育置于新媒体的环境（语境）中来探讨，使教育形式积极而合理地汲取新媒体的理念，借鉴新媒体的模

式。换言之，这不是通过新媒体的"媒介"来生产教育信息，而是通过新媒体的"环境"与"理念"来构建新的新媒体时代大学生思想政治教育形式。比如，新媒体的交互性特点蕴含着平等对话的理念，促使主体性向主体间性转变。依据这样的理念，在传统课堂里的教学中，新媒体时代大学生思想政治教育者要摒弃自上而下的"我启你蒙"的形式，摒弃单向"独白"的教育模式，采取积极互动、平等对话的形式，通过双向交互式的教育方式，调动大学生学习的主动性及自我教育的积极性，在课堂里构建主体间性的关系。再如，新媒体是包容多元的、充分个性化的，这要求教育者在坚持主导思想的同时，要充分尊重学生的个性差异，正视多元共存的现实，摒弃单一封闭的教育形式，采取更具开放性、融合性的模式。又如，新媒体之所以吸引当代大学生，其中一个原因是它生动且鲜活。据此，有研究者指出，在新媒体时代要"增强思想政治理论课教学的鲜活性和生动性"，要用大学生喜闻乐见的形式，营造轻松、活跃的课堂氛围，并精心设计教学课件，使之如新媒体一样融合多种媒介形式。简而言之，要使课堂教育形式、方式及模式适应新媒体环境，融入新媒体时代的理念。

二、"高校新媒体思想政治教育"内容的构建

如上一点所述，"高校新媒体思想政治教育"既是在新媒体上占领并开辟新的教育阵地，也是依据新媒体时代的理念变革的课堂教育形式，以此应对"数字时代"的新变化，具有时代气息，富有时代特色，符合当代大学生的需求。我们把这一点归结为"形式"层面的构建。除此之外，"高校新媒体思想政治教育"还包括另一面：对大学生的"新媒体意识""新媒体行为"及"新媒体生存"进行正确引导与规范；通过新媒体人生观教

育、新媒体政治观教育、新媒体道德观教育、新媒体法制观教育等，来引导与规范大学生的"新媒体意识""新媒体行为"及"新媒体生存"，并消除新媒体所带来的负面影响。我们把这一点归结为"内容"层面的构建。将"新媒体"引入新媒体时代大学生思想政治教育的内容层面，是"高校新媒体思想政治教育"内容构建的大体方向。依据"高校新媒体思想政治教育"的概念释义，内容层面的构建大体包含两个层面：

（一）表层媒介教育

表层内容的构建，即表层媒介教育。新媒体上信息万端、价值多元，其间包含大量低俗信息、虚假信息等，同时也必然会引发不同文化的交流及碰撞。此外，大学生置身新媒体空间，在缺乏自律与他律的情况下，可能产生错误的"新媒体行为"，在海量信息中迷失自我，丧失判断是非、鉴定真假、辨别美丑、区分善恶的能力，甚而违反法律法规，比如散布谣言、人身攻击、侵害他人隐私等。这要求思想政治教育者对大学生进行新媒体人生观教育、新媒体政治观教育、新媒体道德观教育、新媒体法制观教育等，亦即针对大学生的新媒体环境、新媒体行为，进行相关的人生观、政治观、道德观及法制观教育。概而言之，以大学生思想政治教育来积极引导与正确规范大学生的新媒体行为，使之在新媒体空间中也能坚持主导思想观念，维护文化主体性，抵制西方资本主义意识形态的渗透；符合相关道德与法规要求，能增强道德意识、责任意识与集体意识，"屏蔽"有害信息，抵制恶意炒作、惑众谣言，批判个人享乐主义信息，并积极传播健康的、有利于社会主义建设的信息。

（二）深层媒介教育

深层（隐在）内容的构建，即深层媒介教育。这一深层内容的构建，即如前文对"高校新媒体思想政治教育"概念释义所说，是在"媒介即信息""媒介即隐喻""媒介即认识论"的层面来开展新媒体时代大学生思想政治教育工作，使大学生树立起自觉的媒介意识，使之从思想政治的高度来理解与批判新媒体媒介本身及"新媒体生存"本身。

正如原始烟雾信号排除了哲学表达的可能，电视以图像为中心而压抑文字阐释，新媒体媒介形式的内在偏向是鼓励碎片化、琐碎性、转瞬即逝、无语境或语境不充分的表达，抑制逻辑连贯、内容完整、论证严谨、语境充分、专注持久的表达。同时，它的形式虽有助于即时互动和广泛参与，却不利于展开深入而持久的阅读、阐释、交流与论辩。这种媒介将潜移默化地改变使用者的话语结构、表达方式、认知习惯和阅读要求。比如，我们在阅读马克思理论著作时对身体、智力和耐心的要求明显有别于阅读新媒体信息。又如，在很多时候新媒体给了使用者参与的幻觉，从而阻挡了行动、消解了政治。"讯息的流通正在消解政治，不是因为人们不关心或不愿介入，而恰恰是因为我们关心了也介入了。"我们在新媒体上完成一系列操作，仿佛真的关心了也介入了，实则却是沉溺于"点击主义"。如果说电视媒介使我们对信息漠不关心，那么新媒体则给了我们参与的幻觉，两者的结果都是"信息—行动比"的失衡，社会和政治活动能力的降低与丧失。如果大学生缺乏自觉的媒介意识，缺乏对新媒体的批判能力，那么新媒体所赋予他们的"交互主动"（interactivity）将可能蜕变为"交互被动"（interpassivity）。"当我们交互被动时，某种别的东西，即一种物恋对象，就替我们行动起来……这种物恋对象的疯狂行动就是为了阻挡真正的行动，防止某些事情真的发生。"

鉴于上述例证，思想政治教育者必须从"媒介—信息""媒介—隐喻"

"媒介—认识"的层面来构建"高校新媒体思想政治教育"的内容，以期培养学生的媒介意识，使他们对自己所使用的媒介及其媒介生存有自觉而充分的认识，并能形成有效的批判，从而抵制新媒体形式本身、新媒体生存本身所内含的消极性与危害性。换言之，"高校新媒体思想政治教育"的深层（隐在）内容，是从思想政治的维度来批判新媒体的媒介形式与新媒体的生存方式，向大学生提供这样的批判意识与理论武器，使他们能够"利用"与"驾驭"新媒体，而不是被新媒体所"控制"和"奴役"；使他们认识到新媒体的媒介形式所内含的洞见与盲视、正见与偏见；使他们认识到新媒体生存本身的优越性与危险性、真实性与虚幻性。涉身"数字时代"，我们不该盲目地贪新骛奇，要从思想政治的意义上使大学生知道新媒体的限度与可能，引导他们健康而合理地生活。

第二节　新媒体时代大学生思想政治教育的教学方法改革

一、高校新媒体思想政治教育存在的问题

（一）对新媒体媒介形式缺乏本质性的理论认识

媒介理论与新媒体知识是"高校新媒体思想政治教育"重要的理论知识依据，而在当前的高校新媒体思想政治教育建设的过程中，暴露了媒介理论匮乏的不足之处，尤其是对新媒体的媒介形式缺乏本质性的理论认识。不论是从技术硬件的建设上来看，还是从依托于新媒体的新媒体时代大学生思想政治教育工作上来看，无不呈现出这一问题。正如上一章所述，对

媒介形式理解的深度，将决定着我们对"新媒体—新媒体时代大学生思想政治教育""新媒体—大学生"关系理解的深度，影响着"高校新媒体思想政治教育"的实践成效。一些相关研究者与工作者对媒介的理解失之浮泛，对新媒体媒介形式的理解止于"即时互动""双向传播""传播内容的丰富性""交流空间的开放性"等特征，未能彻底把新媒体置于技术和生存的"双重视域"中来理解，未能充分从"媒介即隐喻""媒介即认识论"认识"新媒体—大学生""新媒体—大学生思想政治教育"的关系，未能足够深入地研究这样的媒介形式会产生怎样的精神作用、这样的媒介形式会怎样影响我们的世界观、这样的媒介形式是否有利于理性与批判思维的培养、这样的媒介形式与跨国资本主义的文化逻辑（后现代主义）是何种关系等一系列问题。这些问题正是波兹曼在《娱乐至死》中要求我们追问和深思的。同时，如今新媒体发展的一个重要特征是"景观化"，这是被诸多研究者所忽略的。这无疑维系、巩固并进一步壮大了"景观社会"。如果缺乏这样的认识，没有这样的媒介意识，那么新媒体时代大学生思想政治教育的工作者势必会盲目地、不恰当地将新媒体应用于教育工作中。此外，因为对新媒体媒介形式缺乏本质性的理论认识，所以一方面不能很好地实现"思政性""媒介性""教育性"与"历史性"相结合的原则，另一方面导致了"高校新媒体思想政治教育"内容层面的缺欠。

（二）对新媒体的实践应用缺乏自觉性与专业性

尽管关于新媒体与大学生思想政治教育的理论研究取得了一定成果，但是目前高校对新媒体在思想政治教育上的实践应用依旧缺乏整体上的自觉性，多是局部性实践、个人性探索、即兴式尝试，缺乏整体上的统一规划、制度上的有效保障、集体性的自觉实践。这一方面不符合理论认识与实践应用相结合的原则，另一方面也反映出新媒体时代大学生思想政治教育工作者未能充分重视新媒体这一新型媒介与"数字时代"这一生存环境，或者说对新媒体应用于新媒体时代大学生思想政治教育的重视力度还不够。由于自觉性的缺乏，新媒体的实践应用未能常态化、普遍化，它往往是因人而异、因校而别。

在新媒体的实践应用上缺乏专业性。一方面缺乏技术性的专业人才，不能及时维护、更新与开发新媒体设备；另一方面很多思想政治教育工作者缺乏新媒体的知识与技能，不能熟练地利用新媒体，且不熟悉新媒体的文化特点。此外，新媒体能实现多种媒介的融合交叠，具有多媒体性。如果不能全面地利用它的多媒体性，那么便无法充分地发挥它的作用。要想充分发挥它的作用，无疑需要多种专业人才的通力合作，比如艺术、传媒、文学、营销等专业人士的协调配合。而目前在新媒体的应用上，显然还缺乏多种专业人才的参与，这便带来了媒介内容的僵化与媒介形式的贫乏。

（三）媒介内容的僵化与媒介形式的贫乏

对新媒体的实践应用缺乏自觉性与专业性，势必会导致新媒体应用效果不佳，反映在新媒体的媒介内容与媒介形式两方面，体现为媒介内容的僵化与媒介形式的贫乏。

在媒介内容层面，与其说新媒体时代大学生思想政治教育工作者忽视了教育性与思政性，不如说他们忽视了"媒介性"，未能很好地遵循"思政性""媒介性""教育性"与"历史性"相结合的原则。媒介内容的僵化是指内容千篇一律，陈旧老套，呆板单调，更新不及时，脱离新媒体语境，缺乏时效性与生动性，缺乏个性化与具象化，不符合青年大学生与新媒体的文化特点。媒介形式的贫乏包括两方面：一方面是新媒体的某一种媒介形式并没有得以充分利用，只拘泥于利用它的个别形式特点，比如只在微博上发送文字消息，而忽视了它图文并茂、影音俱全的多媒体性或未能有效利用微博的互动性来调动学生的主体性、使他们广泛参与；另一方面是新媒体类型的多样性并没有全面体现出来，人们只注重某一种类型的新媒体的建设，比如只着重于网站的建设，却忽略了对微博、微信、手机媒体的建设。

（四）课堂教学的守旧与媒介教育的缺失

"高校新媒体思想政治教育"形式构建方案，不仅要求我们将新媒体作为一种新型的技术工具与教育载体应用于新媒体时代大学生思想政治教育，同时也要求我们将新媒体作为一种环境、语境、理念及模式来应用，以此推动课堂教学形式的革故鼎新。然而，在目前的高校新媒体思想政治教育中，一些工作者只利用了新媒体来开辟新的教育空间，却忽略了课堂教学形式创新这一方面。在课堂教学形式上仍是因循守旧，缺乏创新力与鲜活力，生动性与互动性不足，不能跟上新的新媒体环境及新媒体理念。换言之，在形式建设上，大学生思想政治教育工作者只注意"线上"的开拓，却轻忽了"线下"的创新。

依据"高校新媒体思想政治教育"的内容构建方案，目前高校新媒体思想政治教育存在着媒介教育上的缺失，具体体现在两方面：第一个方面是表层媒介教育的不足，比如在新媒体道德观教育、新媒体法制观教育上存在着不足；第二个方面是深层媒介教育的不足，缺乏对"新媒体生存"本身的批判教育，缺乏在"媒介即隐喻""媒介即认识论"的层面所开展的新媒体时代大学生思想政治教育工作。表层媒介教育已逐渐被许多工作者所认识，并得到了逐步加强，但在深层媒介教育方面，却尚未引起工作者足够而普遍的重视。

二、高校新媒体思想政治教育的对策

建设高校新媒体思想政治教育，在根本上是依据"高校新媒体思想政治教育"的基本方案，并在理论与实践过程中不断丰富与完善这一方案。针对前面所指出的种种问题，笔者将在"高校新媒体思想政治教育"的框架之内，给出若干更为具体的对策与建议。

（一）深化教育者的媒介理论，培养教育者的媒介素养

"高校新媒体思想政治教育"要求教育者具备必要的媒介理论，且要不断地使之深化发展，加深对媒介的认识。这种媒介理论不仅包括新媒体知识，也包括对其他传统媒介的理论认识。一方面应该了解"印刷机和印刷品—电报和电视—电脑、网络与新媒体"这一历史发展脉络；另一方面应该了解每一种媒介在特定的历史阶段，在我们的认识论、文化、政治、宗教等方面所起的作用。这样有助于教育者获得对媒介形式的本质性的理论认识，同时又能落实在具体的历史与现实的语境之中。

"媒介素养是指使用和解读媒介信息所需要的知识、技巧和能力。"如果我们的新媒体时代大学生思想政治教育者缺乏使用、解读、参与及批判新媒体的知识与能力，那么势必会影响新媒体的应用效果，无法吸引学生，使完善的新媒体平台徒有其表，无法发挥新媒体最大的作用。因此，我们应该培养、提升教育者的媒介素养，以使他们增强接受、制作、发布新媒体信息的能力，使其对新媒体的实践应用更具专业性，更富有成效。

（二）加强跨学科、多领域合作，促进师生间的交流对话

为使教育者深化媒介理论，提升他们的媒介素养，使新媒体应用更具

专业性与针对性，一方面应该加强跨学科、多领域合作，另一方面要积极促进师生之间的交流对话。跨学科、多领域合作是新媒体时代大学生思想政治教育与传媒专业工作者之间的合作，共同探讨思想政治教育工作者提升媒介理论与媒介素养的方案与对策。它也是思想政治教育工作者与其他相关领域人才的合作，因为"高校新媒体思想政治教育"方案本身就要求借鉴其他相关领域的理论成果，而且新媒体应用实践本身也要求如此。比如，在新媒体上制作信息并推广自身，要求团队的协作与多领域人才的通力，如文学、绘画、设计、营销等领域的人才。此外，新媒体时代大学生思想政治教育工作者也要积极与学生进行沟通，加强师生间的对话，一方面是"线上"互动，要发挥新媒体交互性的优势；另一方面是"线下"互动，与学生探讨对新媒体的感受、认识与理解，以增强教师对青年大学生与新媒体的文化特点的了解。

（三）加强高校的新媒体建设，完善新媒体教育的平台

在现有的新媒体时代大学生思想政治教育传媒载体的基础上，继续加大专项资金和专业人才的投入，进一步完善新媒体教育的平台。一方面，应该加强新媒体的建设与开拓工作，为新媒体时代大学生思想政治教育搭建全方位的新媒体平台，包括开辟与建设QQ、微信、微博、博客、社交网站等平台，在大学生经常使用、频繁触及的新媒体上占领思想政治教育的阵地；另一方面，对已搭建的新媒体平台进行完善工作，既包括更进一步地、纵深地开发与利用每一种新媒体上的资源，比如对QQ空间、微信公众平台上的资源的开发，也包括加强管理与维护工作，不仅使新媒体建立起来，还要使它的渠道畅通无碍、运行正常稳定、更新及时适量。换言之，加强高校的新媒体建设，完善新媒体教育的平台，一方面应该注意广度上

的拓展，从无到有；另一方面应该注意深度上的精进，从有到优。

（四）自觉而充分地运用新媒体，进行全方位立体式教育

在开展高校新媒体思想政治教育的过程中，教育者应该自觉而充分地运用新媒体。一方面，是有计划、有目标、有步骤、有坚持、有预期、有反思地去"用"新媒体，而不是浅尝辄止式地去"玩"新媒体；另一方面，是充分而合理地利用新媒体的性质，比如重视新媒体的交互性，积极而平等地与学生互动交流。同时，教育者对新媒体实践的自觉与充分还体现在集体性与整体性上。也就是说，应该有整体规划与集体实践，而非局部性与个人性的。此外，在搭建起全方位的新媒体教育平台之后，教育者应该借此进行全方位、立体式的新媒体教育，即通过社交网站、QQ、微信及微博等新媒体，为大学生推送教育信息，带来教育服务，从而提升教育成效。换言之，教育者不能只依赖某一种新媒体或仅利用某一种媒介形式，而是应该将多种多样的新媒体全面而立体地付诸教育实践。

（五）坚持思想政治教育宗旨，改善新媒体内容与形式

教育者在坚持新媒体时代大学生思想政治教育的宗旨的前提下，要合理改善新媒体的内容与形式，坚持"思政性""媒介性""教育性""历史性"相结合的原则。在内容上应该具有时效性与生动性、个性化与具象化，使之既有意义也有意思、既具思想性也具趣味性、既政治化也生活化。在形式上应该具有交互性与双向性、灵活性与开放性、丰富性与多样性，适度地契合不同新媒体类型的不同形式特点。毕竟新媒体上的信息传播是基于"同意"而非"强制"的，所以如果不能给大学生带来有益且有趣的启示，反而向其不断推送陈词滥调、枯燥说教式的信息，恐将遭遇"屏蔽"，甚而适得其反。

然而，在改善新媒体内容与形式的同时，一定要谨防削足适履、舍本逐末的行为，不要忽略新媒体时代大学生思想政治教育的宗旨而盲目地去迎合新媒体文化特点。这不仅不能借助新媒体开展教育工作，反而会损害教育的品质。教育者要呈现的是"教育的好处是什么"，而非"新媒体的好处是什么"，要"利用"新媒体，而非"被新媒体利用"。因此，一定要谨慎地把握"度"。

（六）调整传统课堂教育观念，应对新媒体的信息环境

　　在"高校新媒体思想政治教育"方案之中，基于形式层面的构建方向和"三种运动原则"，教育者应该积极调整传统课堂的教育观念，借此重构教育模式与师生关系，以应对新媒体环境、数字化时代的所带来的新变化。一方面，教育者要对传统课堂教育理念与形式的革新保持自觉的意识。一些教育者把"高校新媒体思想政治教育"单纯地理解为利用新媒体来开展教育工作与拓展新的教育途径，这种理解是简单化、单维度、缺乏辩证的。教育者应该对线上与线下、新媒体教育途径与传统课堂教育途径、新媒体信息环境与新媒体时代大学生思想政治教育之间复杂、动态的关系有自觉的意识与深刻的认识，以免出现如下情况：只在新媒体上发展与革新，而在传统课堂中依旧如故，不求创新。另一方面，教育者应该把这种自觉的意识与认识转化为实践，因为教育本身就具有实践性。教育者要不断推动课堂教学观念及形式的变革，而这种变革既要能汲取新媒体环境中进步的理念，又要能够抵御其负面的影响。总而言之，教育者既要在新媒体视域下思索并实践传统课堂教学的创新，又要根据新媒体时代大学生思想政治教育的宗旨与性质，构建突破新媒体环境限制的课堂教学方案。

（七）引入媒介思想政治教育，引导大学生的媒介行为

基于"高校新媒体思想政治教育"内容层面的构建和"三种运动原则"，新媒体时代大学生思想政治教育者应该在传统课堂教学内容中引入媒介思想政治教育（media-ideological and political education），以引导大学生的媒介行为，使大学生能够向着正确的方向发展，使他们在复杂多元的新媒体信息环境中不背离社会主义核心价值观。

一方面，教育者应该在传统课堂的教学内容中自觉地引入媒介思想政治教育，对大学生进行有关新媒体人生观、新媒体道德观、新媒体法制观的引导教育，将新媒体时代大学生思想政治教育内容与大学生的新媒体生存紧密而有效地结合起来，而非让两者显得隔膜与疏离。

另一方面，教育者在传统课堂教学内容所引入的媒介思想政治教育，也必须包括对新媒体生存本身的批判教育，这是应当引起教育者重视的一面。新媒体环境及其生存方式，既意味着进一步解放，也可能加剧人的异化，所以教育者必须进行媒介批判教育。而这种媒介批判教育应当在传统课程教学中来完成，毕竟我们不能凭借新媒体来批判新媒体，就像不能用景观来批判景观社会一样。

新媒体是新媒体时代大学生思想政治教育要"占领"的新阵地，但这并不意味着放弃对它的批判意识，更不能放弃对学生的新媒体批判教育。我们的教育者要充分认识到"占领"的意义："占领"并非简单地占据这里，而是要带来不同与改变，是要制造朗西埃所谓的"异感"，所以它自然也包含着批判。

第三节　新媒体时代大学生思想政治教育的
教学模式探索

新媒体时代高校思想政治理论课（以下简称思政课），肩负着对大学生进行系统的马克思主义理论教育和思想政治观念教育的重要任务。思政课不仅需要对学生进行理论传授，更需要对学生进行思想政治实践教学。实践教学已经成为进一步提高思政课教育质量的重要突破口，因此，必须在当前形势下进一步探索思政课实践教学的模式，为今后思政课继续发挥引领大学生思想政治发展方向的作用而提供一点有益借鉴。

一、思政课实践教学取得的主要成绩

近年来，鉴于社会的快速发展对思政课提出来的新的要求，不少高校已经开始探索思想政治理论课实践教学及实践教学模式，并且已经取得了一些成绩。可以说，针对思政课实践教学及其模式进行的诸多有益探索，为高校进一步探索思想政治理论课实践教学模式奠定了基础。总的来看，思政课实践教学取得的主要成绩有以下几个方面：

（一）对思政课实践教学及其模式进行了初步的探索

面对新时期社会发展对思政课所提出的新的要求，不少高校对思想政治理论课的实践教学及其模式进行了不同程度的探索，对思政教育实践教学的课时安排、师资力量和教学方法、内容、评价等各个方面都进行了探索并进行明确规定，这为思政课实践教学的有效进行奠定了基础。

（二）思政课实践教学迈入实质性阶段

不少高校在探索思政课实践教学的过程中，建立了思想政治理论课实践教学基地。例如，延安大学建立了"延安大学爱国主义教育基地"；安康学院在大汉滨区大竹园镇七堰社区建立了"安康学院大学生中国特色社会主义理论实践教育基地"；还有的高校与当地的一些法院或者监狱等单位联合建立大学生法治教育基地。这些思想政治实践基地大大提高了新时期新媒体时代大学生思想政治教育的教育质量。

（三）思想政治实践教育方法逐渐丰富，教学模式从单一走向多样化

随着思想政治教育实践探索的不断深入，不少高校的思想政治实践教学的教学方式逐渐变得多样化，从校内的专题教育、讨论、辩论赛、案例教学等逐渐转向校外实践参观、社区服务、大学生志愿者活动等，进一步丰富了高校思想政治实践教学。

二、新媒体时代大学生思想政治理论课程实践教学模式发展中的问题

然而应该看到的是，虽然思政课实践教学已经取得了一定的成绩，但是还远远不能满足当前社会发展对于新媒体时代大学生思想政治教育的要求。其存在的一些较为广泛的问题主要有：

（一）高校及一线教师对思想政治实践教学的关注度不够

不少高校虽然在思政课中对实践教学的课时以及教学等做出了详尽的安排，但是由于思想政治理论课在高校中属于公共课，往往是不同专业、不同班级的学生在一起上"大堂课"，实践教学的组织难度很大。另外，思想政治理论课在实践教学这一块仍然缺少严密的组织、管理。以上种种

因素导致思政课实践教学最终流于形式。

（二）实践教学缺乏严密的组织性，较为混乱

不少高校的思想政治实践教学依然缺乏较为严密的组织性，教师在进行实践教学的过程中表现出了一定的随意性，同时在师资配备、教材等方面仍然存在着一定的问题，不少高校在进行思想政治实践教学的过程中甚至没有教材，学生在实践教学过程中的主体性地位被忽视，导致学生的课堂参与度不高。在实践课堂中获得收益的也只是少部分的学生，大部分的学生在无形之中被排除出实践课堂，脱离了思政课实践教学的初衷。

三、高校思想政治理论实践教学模式创新研究

实践教学在思政课教学中占有重要地位，是一种培养高校大学生实践能力的有效手段。目前思政课在实践教学环节中出现诸多问题，如何在实践教学中构建出新颖的、具有时效性的实践教学模式已成为思政课教学模式发展的重要问题。随着经济的进一步全球化和信息网络的快速发展，大学生在不断接受种类繁杂的文化渲染的同时也产生了越来越多的思想上的问题。高校思想政治课作为对大学生进行思想教育的重要渠道，对大学生的价值观念取向有着重要的影响。当前的思想政治理论课实践教学模式存在着多方面的问题，如何创新该教学模式已成为高校教育持续发展的关键性问题。

（一）思政课实践教学的重要性

1.实践教学有利于调动学生的主体意识

实践教学的目的在于引导学生健康向上成长，为学生的成长提供有益的教育。实践教学的内容注重从学生的实际出发，突出学生在实践过程中

的主体性。实践教学要求突出表现学生的主体地位，同时要在学生实践意识中提高学生的主观能动性，让学生担任实践活动中的主角。在实践教学中教师要灵活地将理论知识转化成有吸引力的活动形式，通过多种形式的活动激励学生主动参与到活动中。教师在思想政治理论课实践教学中发挥着重要的作用，实践教学课程的内容安排和形式安排这两方面对实践教学效果都会产生不可忽视的影响力。

2.实践教学有助于培养学生思想品德的实践和应用能力

高校在思想品德理论课的教学过程中不断加强对大学生个人品质与品德行为的培养与教育。在思想品德教学的发展中，各大高校在遵循着学生思想品德培养规律的基础上，进一步有针对性地对学生的身心发展做出研究。通过对学生内心与精神的积极的引导，使学生意识到自身的发展与社会整体发展间的密切联系，从学习过程中领悟到思想道德对自身的影响力，体会到社会道德发展对自身的要求，从而增强学生对未来社会生活的适应能力，强化大学生的政治觉悟和正确的政治鉴别力，最终达到思想政治理论课教育的目的。进行思想政治理论实践教学能够极大地促进学生自身的思想品德的提高与个人素质的增强，增强当代大学生对于国家建设的历史使命感。

3.实践教学有助于思想政治理论课程朝着正确的方向发展

高校对于实践教学这一环节的发展与创新，能够更大限度地吸收与融合社会资源与家庭因素，使多种资源相互交融、相互贯通，并且能够在各种资源相互影响的过程中丰富和完善实践教学的内容。这个充分调动各方面资源的过程不仅能够进一步增强实践教学的时效性，而且能够为高校实践教学研究者提供更加广阔的研究对象，推进高校对思想政治理论课程的深层次的研究，丰富思想政治理论课的内涵。在实践教学的环节中突出学生的个性，增加学生对于思想政治理论的认知力和理解能力，使实践教学具有一定的科学性。

（二）思政课实践教学模式创新的措施

1.加强实践教学组织体系的系统性

高校应建立起与实践教学相适应的管理体制体系，如评价机制、奖励机制等。高校应建立实践教学基地，为大学生有效开展校内实践提供良好的环境与平台，使大学生在实践教学环节得到充分的实践锻炼机会。高校要加强对实践教学资金的规划，采取合理的奖赏措施，以激发学生对实践教学活动参与的积极性。此外，高校要加强对教师的培训，重视教师的工作质量。

2.加强实践教学课程内容的针对性

高校可以采取多种形式的课堂教学方式。实践教学作为思想政治理论课的重要环节，必须要有灵活的教学方法和丰富的课程内容。高校可以针对具体的课程内容采取不同的实践教学形式，如课堂讨论、资料收集、专题讲座、组织辩论赛等丰富课堂内容。

3.创新实践教学新模式

高校应充分整合校内外一切可利用的资源，将校外资源与校内资源有机结合，为大学生的实践发展提供良好的平台，努力改变实践教学与大学生社会实践脱节的现状。思想政治课实践教学与大学生社会实践的目的基本一致，两者都旨在提高大学生实践能力。学校可建立校外实践教学基地，从机制上为实践基地提供长期和稳定的保障。在建设基地的过程中要严格把握质量与数量，注重基地的价值，使学生所学的理论知识在实践中得到充分的印证。

高校要重视实践教学在思想政治理论教学课程中的重要性，要整合多方面的资源与力量，采取多种创新性的实践教学模式，推动新媒体时代高校思想政治理论实践教学的发展。

（三）综合实践教学创新模式的特点

1.创新实践模式最大的一个特点在于其具有综合性

综合性体现在三个方面：一是实践教学内容的综合，这就是整合四门课程的教学内容，形成独立的"思想政治理论课综合社会实践"课程，并且统一规范实践教学大纲、教材，用以指导思政课的教学；二是学时、学分的综合，在形成统一规范实践教学内容的基础上，把学时、学分合并使用；三是开展实践教学的时间统一，思政课程的综合社会实践理应放在二年级暑期统一开展。

2.统分结合

统分结合是指学校根据参与实践的大学生人数和实践教学基地的建设数量，把集中统一实践和分散自主实践结合起来，学生根据自身情况选择任意一种方式参与实践活动的教学组织形式。学生通过创新实践模式的教学组织平台，结合自身的实际情况，自愿选择参与方式、教学形式、教学内容和教学地点，使实践教学效果达到最佳目标，使实践教学体系达到最优化的状态。根据多年的经验，采取集中实践、分散实践和独立课题调研相结合的形式是可取的。

3.项目主导

项目主导式实践教学的关键在于精心策划选题（项目）。学校思想政治理论教学部、教务处应结合当前社会的热点、难点问题，在全校范围内招标，引入竞争机制。譬如设计诸如"新农村建设背景下的农村基层党组织建设现状与思考""农村留守儿童学习现状及所思所盼""城市农民工生存状况调查"等大量覆盖城乡社区的选题，让学生结合家乡的变化、现实进行调研并撰写调研报告。这有利于学生参与实践和解决问题。

四、一种基于分组的自助式实践教学

实践教学是思政课中不可或缺的重要环节，它把理论与实际、课堂与社会、学习与研究紧密联系起来，对于提高思政课教学的吸引力、感染力和针对性、实效性具有重要意义。它包括校本实践和社会实践两种。近年来，思政课校本实践颇为盛行，但社会实践活动则受诸多客观条件所限而难以真正实施，常常流于形式，成为实践教学的难点甚至盲点。各高校都在努力探索思政课实践教学，取得了一定的成绩。

（一）运用自助式实践教学的重要意义

1.让思政课实践教学回归真正意义上的社会实践

教师应鼓励学生自由实践，多渠道、多形式地完成实践作业，让实践教学回归真正意义上的社会实践。实践教学的形式、方法要随着社会生活环境的变化而不断调整自身，同时使大学生在开阔的社会视野中认识自己、把握自己并找到自己的位置。在提出大学生思政课自助式社会实践方式之前，已有大学生暑期社会实践和志愿者社会实践等多种成熟的方式，但每种方式都有一个无法解决的问题：不能做到全员参与。大学生思政课自助式实践方式力求解决这个难题。教师根据教学计划布置实践任务，提出实践要求，明确时间范围，让全体学生在规定的时段内，自行结伴或分组，围绕教材内容，结合现实生活，选择一个与现实贴近的问题进行调研，使他们从中受到教育、得到锻炼。这是高校思政课运用自助式实践教学方式的最主要的意义。

2.可以促进思政课与专业课之间的互动

高校思政课是一门理论性很强的课程，其教学内容涉及经济、政治、文化、哲学、历史、法律、军事等各个方面。高校思政课面向全校学生开设，学生来自不同学院的不同专业。在思想政治教育中，如何实现思政课和专业课之间互动，一直是教育工作者不断探索的一个问题。无论是思政课还是专业课，两者都承担着重要的育人功能。一方面，大学生把自己所学的专业知识运用于思政课实践教学中，可以增加他们的自豪感和责任感；另一方面，思政课和专业课的"互动"关系，主要体现在专业课中的实践教学上，如实验教学、专业实践、毕业实习等。专业实践教学往往都有专项经费作支撑，甚至还有专门的实习基地。思政课实践教学可以利用这些有利条件，针对不同专业学生的不同情况提出不同的选题，以实现资源共享。自助式实践有利于大学生把思政课与专业课有机结合起来，使两者之间在方式、内容、效果上进行互动，能够充分发挥学生的自主、创新、求知、实践等方面的能力，提高思政课实践教学的实效性。

3.有利于培养学生的创新精神和实践能力

大学生不仅要有丰富的知识积累，而且要有将知识转化应用的能力、实际操作的能力和创新能力。自助式实践教学方式的最大特点就是能让学生深入实践，亲力亲为，能够发挥学生的学习主体作用，激发学生学习的积极性和主动性。在实践教学过程中，大学生有充分自由的时间去安排实践活动，带着理论走向社会，又带着实际问题回到课堂，使自己的辩证思维能力得到了锻炼，发展了自身的个性特长，开阔了视野，培养了自己动手动脑的能力，增加了实践教学形式的灵活性和趣味性。它体现出了教学的开放性、主动性、启发性、探究性等特点，使学生在实践中锻炼自己理论联系实际的能力，培养他们敏锐的观察力、清晰的判断力和创新精神。因此，自助式实践教学使大学生以亲身的体验来发现知识、获取知识，不断修正和完善已有的知识结构，不仅增强了学生学习的自主性，而且提高了学生独立思考的能力，更有利于培养学生的创新思维和实践技能。

（二）拓展思政课自助式实践教学的平台

作为一种创新的形式，自助式实践满足了大学生自主学习的兴趣，在一定程度上为思想政治理论教学做了重要的补充。"要尊重大学生的主体地位，变革传统的填鸭式教育方式，使大学生在思想政治教育过程中真正体会到愉悦和幸福。"

1.校园实践教学平台

大学生学习、生活的场所主要在校内，因此我们在创新实践形式的过程中，要充分立足于校园。校园文化活动素有"第二课堂"之称，它是思想政治教育在空间上由课堂向课外延伸的具体体现，具有明显的针对性、趣味性、灵活性，是鲜明的思想政治教育阵地。教师通过校园内各种文化活动，让学生自助式地参与实践，以充分发挥他们的积极性、主动性、创造性，提高学生的学习兴趣，激发学生的学习热情。

大力建设校园文化是新形势下大学生思想政治教育的有效途径，具有重要的育人功能。借助校园平台，大学生可以根据自己的兴趣爱好，自主地选择形式多样、丰富多彩的校园文化活动，如环境保护、知识竞赛、辩论赛等，在活动结束后要写出活动经过、自己在活动中的感受及所受到的教育。自助式校园实践充分运用了校园实践教学平台，通过积极开展多种

94

形式的校园文化活动，让大学生通过自助、自由、自主的形式来完成实践教学。这不仅能最大限度地让大学生利用现有的资源，使大学生潜移默化地受到熏陶和感染，而且也提高他们的参与意识和学习的主动性、积极性。

2.社会实践教学平台

社会实践是大学生走向社会的一个很重要的锻炼环节，能帮助学生直接了解社会、融入社会，也是教育与实践相结合的具体体现。让课堂走向社会，就是将小课堂搬到大社会，融入大社会，让学生在社会实践中认知一个个社会热点敏感话题，从中深化认识、磨炼意志、觉悟政治理论、增加政治认同。

按照一般的思路和观念，实践教学就是要求大学生走出校门，通过参观、调查、研究等方式接触和了解社会，然而由于受到时间、地点、费用和安全等因素的制约，一系列教学方案和教学计划无法实施，这是制约当前高校思政课实践教学顺利进行的最大问题。自助式社会实践，在一定程度上解决了这个难题。它是指在一定目标下，学生根据自己实际情况，就近就地选择一种校外实践的方式。一是学生可以根据自己的居住场所，选择社会实践的地点。以上海为例，学生如居住在徐汇区可以选择钱学森图书馆作为自己的实践地点；学生如居住在青浦区可以选择陈云故居暨青浦革命历史纪念馆作为自己的实践地点；学生如居住在黄浦区可以选择中共一大会址作为自己的实践地点。二是把实践教学与大学生社会实践活动结合起来。大学生社会实践活动包括"三下乡"活动、青年志愿者服务、暑期社会活动等，这些活动使他们将理论带进了生活，增加了大学生学习理论的历史纵深感和现实真切感。高校应搭建起大学生社会实践活动的大平台，把思政课实践教学和大学生社会实践结合起来，让专任教师介入指导学生社会实践，这不仅丰富了学生的实践教学内容，而且提升了实践教学质量。三是充分利用有教育意义的公共场所。高校应抓住中央规定的"各类博物馆、纪念馆、展览馆、烈士陵园等有教育意义的场所，要对开展思想政治理论课实践教学实行免票"的机会，围绕教学重点内容，就近遴选一批切实可行的教育实践基地用于思政课实践教学。

3.网络实践教学平台

大学生对互联网的使用，则有着前所未有的深度和广度，以网络学习、网络聊天、网络购物、网络交友等形式为主的虚拟交往已成为大学生生活和学习的有机组成部分，成为真正的"互联网一代"。在网络化影响日益增大的背景下，学生的独立性、自主性不断提高，思政课实践教学也要紧跟内外环境的变化，与时俱进地调整教学形式。

教师可以以网络为依托，以虚拟空间为场所，开展"虚拟实践教学"。可以说，"虚拟实践教学"是思政课教学与网络对接的产物，其优势和特点是：具有一定的现实超越性；充分彰显了学生的学习主体性；加强了学习过程中的探索性、创新性。自助式网络实践，最大限度地满足了学生多样的需求。一方面，大学生可以利用网络技术进行虚拟实践。如艺术专业的学生可以通过互联网虚拟地参观一些艺术展览；化学化工专业的学生可以通过虚拟的实验室做爆破实验而无危险；医科专业的学生可以在虚拟实验中进行解剖；经济专业的学生可以通过虚拟股市培养实战能力。另一方面，网络为大学生自主学习创造良好的教学空间。网络搜索已经取代教师、同学、图书馆成为大学生解决学习难题的首要办法。其中，专业数据库和网络课程是大学生经常使用的学习方式，也是大学生获取学习资料的重要来源。

（三）开展自助式实践教学应注意的问题

1.建立起自助式实践的管理制度

有效的思想政治教育实践教学管理机制，关系到自助式实践教学的运行和落实。一是建立健全领导机制和管理机制。自助式实践教学需要学校各级部门相互配合，做到统一规划，统筹安排，才能保证实践教学持续、有效地开展。要成立领导小组，由学校领导和相关职能部门负责人组成，做好指导、检查工作，在计划制定、资源利用、政策措施等方面统筹兼顾。要成立工作小组，由专职教师组成，具体实施教学计划，及时解决实践教学中遇到的难题。要成立咨询小组，由兼职教师组成，负责实践教学相关问题的答疑。二是加强制度建设，逐步建立长效机制。自助式实践教学涉及面广，具有多重目标，过程纷繁复杂，所以必须制定实践教学大纲及专门实践教学文件，明确其教学目的、要求、方式、组织和考核等。三是建立实践教学网络管理平台。随着信息技术的迅速发展，自助式实践教学可借用网络平台，构建实践教学管理系统。

2.健全自助式实践的保障机制

自助式实践必须充分利用校内外一切教育力量和教学资源，建立健全实践教学保障机制，使实践教学环节朝着科学、规范的方向发展。首先，加强师资队伍建设，提高教师实践教学素质和能力。在实践教学中，教师应在学生选题时把关，应在学生设计实施过程的时候跟进，全程指导学生开展自助式实践活动。上海立信会计学院为实现思政课实践教学对全体学生与全部课程的"全覆盖"，不仅强化了教师指导培训，而且把组织实践教学的要求写进了青年教师指导培养计划，在试点基础上逐步推广到每一门课和每个教师，定期研讨，加强指导。现在，实践教学已成为学校层面的制度规定和所有教师的自觉行为，成为全体教师约定俗成的统一行动。其次，推行"实践教学课程化"，建立实践教学课程体系。高校应切实转变实践教学无足轻重的观念，要把社会实践纳入课程化建设的轨道，建立完整和相对独立的实践教学体系。根据相关规定，上海立信会计学院思政教研部把"思想政治理论实践"课程独立设置，单独考核，不仅建立起了实践教学课程体系和课程资源体系，而且提出了解决当前推进实践教学的学分难题和教学管理难题的思路。

3.构建自助式实践的评价体系

为了确保自助式实践教学的效果，必须建立一套科学规范的考核评价体系。一是设定合理的考核评价制度，构建起良好的考核机制。合理的评价体系，不仅能够使学生重视实践教学，还能提高实践教学的质量和效果。自助式实践教学评价体系，既要对教师进行考核评价，也要对学生进行考核评价。对于教师评价，可采取学生评教、同行评价相结合的方式。对于学生评价，可采取"三位一体"考核评价体系，即小组根据事先实践要求进行自评，小组之间进行互评，教师根据学生参与实践教学的程度、综合表现和实践作品完成情况进行评价。在自评、互评、他评的基础上，制定详细的评价内容，形成比较系统科学评价体系，以确保评价的公正性、准确性。二是建立实践教学质量监控体系。大学生应利用双休日等课外时间，采取自由组合（一般以寝室为单位）、分组结伴（组长负责，既可以保障人身安全，又可实现互相监督）的形式，按照实践教学的目标和要求，分组进行自助式社会实践。考察结束后，要组织交流讨论，并分组填写《社会实践表》，突出实践过程、讨论发言情况和心得体会两方面内容。三是不断完善实践教学激励机制。在实践教学过程中，对于有突出成果和重大贡献的学生和教师，应给予相应的奖励，以此激发他们的积极性、创造性。良好的激励机制，可以使教师认真指导实践，使学生认真参加实践，进一步提高思政课实践教学的整体效果。

新的历史条件下，高校思政课实践教学必须不断地变革和创新，以改进教学形式、教学方法和教学手段。自助式实践教学不仅可以弥补传统实践教学存在的明显不足，而且将思想教育内容与大学生喜爱的方式相结合，融思想性、知识性、趣味性为一体，最大限度地调动学生学习思政课的积极性和主动性。

第四节　新媒体时代大学生思想政治教育载体

一、创新新媒体时代大学生思想政治教育载体的意义

（一）有利于促进新媒体时代大学生思想政治教育手段的改进

随着科技和社会文化思潮的不断发展，大学生的思想观念也在逐步转变，若新媒体时代大学生思想政治教育载体无法紧跟时代步伐，在新形势下缺乏新的技术手段，那么思想政治教育方法将渐渐落后，到最后出现与实际不相符合的情况，这就无法将思想政治教育工作的实效性增强。不断推进新媒体时代大学生思想政治教育载体的创新，在新媒体时代大学生思

想政治教育工作中融入新技术，能有效促进新媒体时代大学生思想政治教育手段的改进，能让大学生通过现代信息传播途径获取健康积极的思想文化，树立正确的人生观。

（二）有利于促进新媒体时代大学生思想政治教育功能的发挥

在大学生思想政治教育中，高校是其主阵地，不断创新新媒体时代大学生思想政治教育载体，有利于提高大学生的判断能力，进一步坚定社会主义信念，提高大学生思想政治素质，以此有效促进大学生综合素质的发展，将新媒体时代大学生思想政治教育的育人职责充分体现出来，更好地发挥出其导向功能。

（三）有利于促进新媒体时代大学生思想政治教育资源的进一步整合

高校教育资源不仅包含学科教育，还包括学校管理制度、学生社团组织以及校园文化等多个方面，其教育资源十分丰富。在新媒体时代大学生思想政治教育中，这些教育资源十分重要。新媒体时代大学生思想政治教育载体的不断创新，能使新媒体时代大学生思想政治教育中融入更多的教育资源。高校对这些教育资源做进一步地整合，能最大限度地发挥思想政治教育的功能。

二、创新新媒体时代大学生思想政治教育载体的措施

新媒体时代大学生思想政治教育工作需要以相应载体为基础方可进行。

在新形势下，为了与时代接轨，新媒体时代大学生思想政治教育不仅需要在方法和内容上进行创新，还需要在载体上进行创新。在传统载体基础上不断对载体进行优化发展，使其转变发展成具有现代化气息的载体。同时，高校要结合大学生的思想行为和高科技发展形势，不断探索新载体。

（一）坚持以人为本，不断优化课堂教学载体

高校课堂教学不仅包含教育、服务、管理，还包括传道、授业和解惑等多项功能。在高校课堂教学中，课程质量水平直接关乎大学生的思想素质。对新媒体时代大学生思想政治教育而言，无论是以前还是将来，课堂教学载体都是其重要的载体之一，是无法取代的。所以，对高校课堂载体进行不断优化，将育人与教学进行有机融合是新媒体时代大学生思想政治教育工作的重要职责。

（二）结合专业知识，创建多形式社会实践活动载体

开展社会实践活动有利于培养大学生的实践能力、创新精神、综合素质，是新媒体时代大学生思想政治教育的良好载体。社会实践活动以丰富真实的社会为课堂，让学生从社会实践中学习基本理论。因此，高校的思想政治教育教学需加强对学生的实践教学，引导学生运用所学知识分析并解决社会问题。

当前，高校在思想政治教育中进行了许多社会实践活动，如社会调查、勤工助学、家教等，但在社会实践活动中与所学知识相关的内容较少，如知识咨询和科技服务等，大多以低层次重复劳动实践活动为主，不仅手段模式化，而且范围很固定，这在很大程度上阻碍了高校社会实践活动的发展。高校若想最大限度地发挥社会实践载体功能，就需杜绝单一的参观和考察，将社会实践活动内容和主体进行多样化和系列化发展，促进实践

效果的连锁化，让大学生能在社会实践的具体体验中受益。

高校要增加学生实践性成果和科研课题的研究，加强社会实践活动与学生就业方向的关联性，为大学生择业提供更多的机遇。社会实践活动必须与社会的发展需求相适应，具有时代性。高校要结合当地特色，充分发挥出专业优势，避免千篇一律，实现"合作共建、双向受益"的目的。

（三）加强学生自我管理，强化学生社会活动载体和公寓载体

高校要加强学生的自我管理、自我服务意识，让学生在自觉中接受思想政治教育。高校教育的改革和发展，促进了思想政治教育工作组织形式的改变。公寓在大学生思想观念的树立和成长中的作用越发明显。大学公寓不仅是大学生生活、学习、休息的重要场地，也是学校对学生开展社会主义精神文明和思想政治教育的主要阵地之一。高校可将思想政治教育推进到学校公寓中，结合学校实际情况，将思想政治工作的优势充分发挥出来，选派优秀辅导员并按相应比例进驻公寓。高校可以结合公寓学生党团组织方式设置学生自律组织，让学生参与后勤管理工作，发挥学生的自身作用。学校可建立公寓党团组织，在推进工作中重视党团组织的影响力、渗透力、辐射面的扩大，不断加强其凝聚、引导、教育作用。

思想政治教育是高校教育的重要部分，是学校进行其他教学活动的保障和基础。如何创新新媒体时代大学生思想政治教育载体是高校当下需面对的问题，创新载体能使思想政治教育信息更好地传递，更有效地为高校其他教育服务。高校需要全方面考虑创新思想政治教育载体的方法，紧跟时代步伐，以此使新媒体时代大学生思想政治教育工作更好地开展。

三、基于移动互联网的新媒体时代大学生思想政治教育载体研究

（一）新媒体时代大学生思想政治教育的移动互联网载体

1.移动互联网和移动互联网载体

所谓移动互联网是移动通信与互联网相结合的产物，用户可以借助移动终端（手机、平板电脑等），通过移动互联网络访问互联网。在新时期的条件下，移动互联网已经成为当代社会生活的重要力量，迫切需要把移动互联网技术和新媒体时代大学生思想政治教育相结合，而以移动互联网作为新媒体时代大学生思想政治教育载体是其中的一项重大举措。

所谓移动互联网载体，即以移动互联网作为新媒体时代大学生思想政治教育的载体。基于互联网的新媒体时代高校思想政治教育，指高校思想政治部门和教育者通过移动互联网这一新兴的模式向大学生传播积极、正确的思想政治教育的信息，全面提升大学生的思想道德素质和科学文化水平，使其形成一定的符合社会规范的思想观念、政治观点、道德规范的过程。

2.移动互联网载体的特征

（1）普及性与便携性

在移动互联网时期，全民都可以借助移动终端访问互联网，获取网络资源。且相比于传统互联网时期，移动互联网时期的移动终端设备（手机、平板电脑等）更加小巧、利于携带，人们可以随时随地获取网络信息。这就给思想政治教育提供了丰富的信息资源，同时扩大了思想政治教育的覆盖面，有利于教育者传播健康的思想政治教育信息，增强思想政治教育的

时效性。

（2）分众性与个性化

思想政治教育内容可以通过移动互联网进行分众传播，根据特定受教育者的需要进行专门的信息定制，同时受教育者可以根据自身的兴趣，针对性地选择思想政治教育信息。这时受教育者接受的教育内容具有个性化的特点。

（3）互动性

通过移动互联网平台，思想政治教育的教育者和受教育者的身份日益模糊，思想政治教育信息的传播者同时也可能是思想政治教育信息的接收者。通过移动互联网，教育者更加清晰地了解到了受教育者的思想，能有针对性地解答受教育者的困惑，制定更加详细的思想政治教育内容，增强思想政治教育的实效性。

（二）以移动互联网为新媒体时代大学生思想政治教育载体的必要性

移动互联网的特点决定了它能作为新媒体时代大学生思想政治教育的载体为我们所运用，但这除了取决于它自身特点之外，还取决于新媒体时代大学生思想政治教育的实际需要。

1.以移动互联网为载体是提高新媒体时代大学生思想政治教育实效性的需要

目前，大学生逃课现象普遍存在，逃思想政治教育课的情况尤为严重。有些学生只在学期初和学期末上几次课。有些学生即便来上课，也是低头玩手机，抬头率极低，这样到课就变得毫无意义。面对这种状况，新媒体时代大学生思想政治教育课的教师还能微笑出来吗？因此，新媒体时代大学生思想政治教育课堂抢占移动互联网阵地就十分有必要。移动互联网上充斥着丰富有趣的思想政治教育信息，而且移动互联网信息声色俱全、图文并茂，更能引起大学生的注意，能让他们印象更为深刻。大学生也可以通过移动互联网络平等地表达自己的思想，从而和教师形成互动，大幅提高学生的参与率。当高校教师不再把移动互联技术当作危害思想政治教育课的洪水猛兽，而是能转变观念，融入移动互联网技术，通过移动互联网技术教育大学生时，思想政治教育的覆盖力和影响力就大大提高。

2.以移动互联网为载体是实现新媒体时代大学生思想政治教育现代化的要求

思想政治教育是随着社会历史条件的变化而发展变化的。目前，国家提出"互联网＋"的概念，将互联网和教育产业相融合。随着互联网进一步发展，互联网对于传统教育也有一定的深刻影响。本书将移动互联网作为新媒体时代大学生思想政治教育载体而进行研究。新媒体时代大学生思想政治教育现代化中一个很重要的方面就是载体的现代化。而移动互联网的受众主要为知识层次较高、年龄较小、思想较为活跃的人。移动互联网传播与以往任何一种传播方式相比要更具有时代特色，它的范围更广、规模更大、传播速度更快、影响程度更深。利用移动互联网技术传播新媒体时代大学生思想政治教育信息，加快了新媒体时代大学生思想政治教育载体的现代化，同时对新媒体时代大学生思想政治教育的其他方面的现代化也产生了重要影响。

（三）合理运用移动互联网载体

习近平总书记在2016年4月19日召开的网络安全和信息化工作座谈会

上强调，"要适应人民期待和需求，加快信息化服务普及，降低应用成本，为老百姓提供用得上、用得起、用得好的信息服务，让亿万人民在共享互联网发展成果上有更多获得感"，并提出可以发挥互联网优势，实施"互联网＋教育"。按照这个指示，积极运用移动互联网载体，通过移动互联网向大学生传播符合社会规范的思想政治教育信息，是新媒体时代大学生思想政治教育的主要任务。

1.转变高校思想政治教师观念

大学生成为使用移动互联网技术的主要人群，有些学生不仅上课时与手机和平板电脑作伴，而且吃饭、睡觉时也要和手机、平板电脑做伴。据研究调查，思想政治理论课上学生玩手机的比例接近80%，不少思想政治教师把手机当作思想政治理论课的劲敌，上课前没收手机。但是这不能从根本上解决大学生不听课的问题。面对新技术带来的诱惑，"疏"是利于"堵"的。教师不妨转变思想观念，合理利用移动互联网这一新技术，融入移动互联网的大潮，不再把移动互联技术当作新媒体时代大学生思想政治教育课的洪水猛兽，而是当作教学的得力助手。教师还可以开发针对教师的手机移动端产品，采用更加有效、更受学生喜欢的教学方法，从而更好地提高高校思想政治教师自身的教学质量和教学水平。

2.开发针对新媒体时代大学生思想政治教育移动互联网客户端的 APP 产品

为了提高大学生思想政治教育课的实效性，我们要开发一种移动互联网客户端产品。该产品有教学视频区、作业区以及公共讨论区。只要公共领域有无线网络，大学生就可以注册登录账号，进行学习。

（1）教学视频区

教学视频区包括新媒体时代大学生思想政治教育专家和学者的一些重大会议视频记录和新媒体时代大学生思想政治教育课堂讲学视频。在新媒体时代大学生思想政治教育课堂上也可以运用移动互联网观看课堂教学视频，但是一些关键的表格和资料主要在教师制作的PPT上呈现，这在一定程度上提高学生的"抬头率"，同时有效遏制大学生上课玩手机现象。

（2）作业区

教师可以根据新媒体时代大学生思想政治教育课的上课情况，在课下发布一系列训练。教师可以通过课后作业，检查大学生学习的薄弱环节，通过习题的训练情况，检测学生的学习成果。教师要提供正确答案，让学生将自己的答案与正确答案进行比对，以便矫正错误的思想观念。

（3）公共讨论区

公共讨论区包含了学习专栏、心理专栏、就业专栏、情感专栏等。大学生可以通过移动客户端平台匿名发布自己所面临的一些问题并向高校教师进行倾诉。由于学生可以匿名发布消息，与高校教师能够更加平等地进行对话，所以高校教师更能了解大学生所面临的困惑，进行指导性的教育。这种一对一的交流，有效促进了师生关系，避免了大学生因为害羞、胆怯而不敢面对自身心理的问题，更利于引导大学生形成健康良好的思想观念。

3.有效利用微博、微信等通信工具

新的时代背景下，移动互联网通信工具已经成为人与人链接的重要媒介。新媒体时代大学生思想政治教育也可以通过这些媒介进行深入传播。微博信息承载量大、信息形式多样化，且微博信息的更新速度快、传播范围广。学校可以开设官方的微博账号，并定时发布学校相关政策与信息，以及对社会热点问题的正确舆论导向，引领大学生形成与社会相符的思想观念和道德取向。同时，学校可以申请微信公众号平台，定期发布学校相关学术活动和文体活动，以及教育类信息，例如武汉理工大学通过微信公众号开展"舌尖上的理工大"这一活动，让该校学生投票评比武汉理工食堂的美食。这在一定程度上促进了校园文化建设，有利于形成良好的学校风貌。

第四章　新媒体时代大学生
思想政治教育的话语变革

　　思想政治教育话语是作为分支存在于哲学社会科学话语体系之中的，同时它在研究思想政治教育基础理论中也是不能缺少的重要一环。另外，这一研究中的逻辑起点是进行学理性探究。本章将从思想政治教育话语的界定与构成、面临的机遇和挑战这几个方面，进行较为详细的阐述。

第一节　思想政治教育话语的
界定与构成

一、思想政治教育话语概念的界定

（一）思想政治教育话语的概念

　　我们在讨论思想政治教育话语时，需要注意将语言学的真实内涵放在马克思主义理论的领域，以及思想政治教育学科所独有的属性中去。因为思想政治教育学科是与国家权力相结合的，且有着极强的意识形态性，所以其在一定程度上是权力话语的代表，并且还具有学术性与形态性。从马克思主义界定话语的理论与特征中可以看出，特定思想政治教育语境之下的教育话语的运用主体是教育者。特定思想政治教育语境之下的教育话语可以将思想政治教育的内容进行传递，可以作为思想政治教育主客体之间的语言符号系统而存在。其含义有以下几点：

第一，思想政治教育话语作为一种语言符号系统，其语言的基本属性为符号性。在一切社会中，建立能够唤起人们想表达的概念符号系统的目的有很多种，其中最为明显的就是语言，这也是所有符号系统中最重要的一种。话语作为表现形态，在语言动态中也属于符号系统的一种，其形式表现为两种，即口头话语和文本话语，之后网络话语也随着新媒体时代的到来而出现。

第二，在思想政治教学中才是真正存在思想政治教育话语的，同一个词汇或话语在不同语境中所要表达的含义也是不同的。例如历史学的语境中使用的是历史学话语，文学语境中使用的是文学话语，思想政治教育的语境中使用的自然是思想政治教育话语，其实施的场所只有教学。教育客体间的共同参与和产生的互动等都是由思想政治教育教学所推动的，人们对受教育者的思想政治内容的学习进行的检验，对教育者的工作完成程度和落实进行的评判，对社会实际与要求思想政治教育间的距离、矛盾的进一步把握都是要在教育教学的实践中完成的。

第三，运用思想政治教育话语的主体是教育者。传播思想政治教育话语的不仅可以是教育者，也可以是受教育者。受教育者在与他人进行交谈时若是在一定程度上影响了他人的思想，也就自然成了教育者，这样两者之间才有了思想政治话语；但若是受教育者并没有让对方在双方的交谈之中受到影响，也没有让对方在政治观点、思想观念等方面有所启发，那么就两者之间就没有思想政治话语。

第四，思想政治教育话语是可以有思想政治教育作用的，同时还能够进一步传递与实现思想政治教育的目标、内容。话语属于语言符号，可以将很多信息传递出来。只有话语在思想政治教育目的方面有着强烈的指向性，且反映和体现着社会主义意识形态的情况下，才可以说它是思想政治教育话语。

思想政治教育话语的类型有下列几种：

第一，国家政策性文本话语。思想政治教育这门学科是同时具有科学性和形态性的，它的开展也是响应了党的直接政策引导与号召。在马克思主义理论下，响应党的号召，积极引导受教育者，且按照党的政策理论对教育内容进行规范是学科的理论导航。所以思想政治教育话语能够传达党的治国理政方略、国家的政策和制度，是有着政治传导功能的，并且思想政治教育话语内容的其中一部分就是国家政策性文本话语，它是通过书面表达的。

第二，思想政治教育学科理论研究话语。学科话语体系存在于每个学科，其特有的解释性、学理性的话语系统是以学科基础理论为基础而形成的。在学术交流和学科发展方面，理论话语具有非常重要的学术意义和研究价值，同时它是作为重要支撑存在于学术发展之中的。思想政治教育学科理论之所以取得了无数研究成果，就是因为不断深入地进行系统化与科学化的研究。思想政治教育学科理论话语是思想政治教育话语和学术性话语，是在对学科基础理论进行了充分逻辑推理与学理分析后才逐渐形成的。建立思想政治教育学科的基本准则和建立其自身地位的基本依据是能够将对应了马克思主义的学科地位、属性与发展的有关基本原理、概念、原则、科学规律和方法论等基本描述进行准确界定，并且在此基础上，对建构思想政治教育话语的学术话语体系进行描述。

第三，思想政治教育实践话语。人们日常的思想政治教育实践活动中经常会出现教育实践话语，这体现了思想政治教育话语内容的实效性与社会实用性。思想政治教育实践话语相较于高高在上的思想政治教育理论研究话语来说，是一种实际的、理论落地的教育教学话语，产生该话语的途径是和受教育者沟通。实践话语的特点是贴近大众与生活，因此从受教育者的角度看，社会中各领域的群众是目前思想政治教育的对象，他们在接受抽象的概念或专业术语方面是有局限性的，他们喜欢的是方便他们理解的话语。所以，思想政治教育实践话语就是可以被群众所接受的，且结合了受教育者接受程度与学术、理论的话语，它充分体现了思想政治教育的话语应用性。

（二）思想政治教育话语的内涵

1.思想政治教育话语的形成

只有在思想政治教育活动中才能生成思想政治教育话语，才会出现思想政治教育话语的意义。从发生学的角度看，只有在思想政治教育活动过程中，才会有真正的思想政治教育话语存在。所以，思想政治教育实践必须早于思想政治教育话语，话语是在长期的思想政治教育活动中积淀而来的。与此同时，我们还要知道，思想政治教育话语意识是远远晚于思想政治教育话语现象的，于是就会有这样的情况出现，即思想政治教育在最初被实践的过程中，思想政治教育话语是人们在思想政治教育领域运用了其他话语而形成的。不过在其不用于思想政治教育实践时，是不属于思想政治教育话语的。

思想政治教育话语意识是在话语现象出现且有过一些实践后才形成的，

它的出现在一定程度上标志着思想政治话语的真正形成，并且思想政治教育话语想要成为一个真正的、相对独立的话语领域，只有当出现思想政治教育话语意识后才能得以实现。所以，思想政治教育话语是源于并晚于思想政治教育实践的，二者并非同构。从根本上说，思想政治教育话语的产生、发展离不开思想政治教育活动。

2.思想政治教育话语是意义系统

用来描述思想政治教育内容，对教育者与受教育者的沟通有促进作用的意义系统即思想政治教育话语。思想政治教育内容是某一时期内，统治阶级的阶级意志、政治意图与核心价值的体现，其教育话语也可以是其阶级意志、政治意图与核心价值的体现。因此，怎样对思想政治教育内容进行描述就成了思想政治教育话语的重要使命之一。思想政治教育话语建设的成败，在于是否能准确、全面和客观地对思想政治教育内容进行描述。从理论上来看，思想政治教育话语在描述教育内容时应当准确、全面和客观，无论在何种时期，教育话语都是可以承担思想政治教育内容赋予的使命的。

但思想政治教育话语在理想状态中和现实社会中有一定"惰距"。所以，思想政治教育话语在描述教育内容时是很难准确、全面和客观的，总会出现一些误差或偏差，造成这些偏差的原因是教育话语本身存在滞后性，这也是最重要的一个因素。思想政治教育话语一旦滞后，就会有先天存在某些缺陷的话语出现，从而无法适应思想政治教育发展的需要。弗雷格指出，在保证思维不犯错误的地方，语言是有缺陷的。语言首先并没有对人们在正确思维下的第一个要求予以满足，也就是一义性。而词语的意谓在差异很小时，有一些无关紧要的变动才是最危险的。思想政治教育话语不可能是完美无瑕的，其本身有着一定缺陷，并且多数情况下其本身的缺陷是比一般性话语缺陷还要严重的。

另外还有一种情况，就是造成这一现象的人是言说者、教育者、受教育者。思想政治教育话语还能在一定程度上推动教育者与受教育者间的沟通，他们之间良好的沟通还能更好地对教育内容加以传播。为人们做思想领域方面的工作是思想政治教育的本质，它非常依赖思想领域的说服、灌输、论辩和宣传等话语，同时这也是它不同于物质领域的地方。人的思想是复杂且没有界限的，所以在解决思想领域的问题时，绝对不能用行政压制的方法，而是要沟通。所以，思想政治教育话语的良好发展，有赖于教育者与受教育者的有效沟通。

3.思想政治教育话语是动态系统

话语评价与话语描述是存在于思想政治教育话语的两个基本维度。在思想政治教育的内容评价中，思想政治教育话语得到了不断发展，并且它除了能够对教育内容进行描述，还能进行评价。这一评价主要集中在两个方面：一是思想政治教育内容是不是能满足社会统治阶级与广大人民群众的精神需求；二是应该怎样处理它们之间的张力问题。马克思指出："统治阶级的思想在每一时代都是占统治地位的思想。"统治阶级思想中体现出的非常重要的内容就是思想政治教育内容，并且它体现这一思想的具体表现，就是以思想政治教育最后会培养出什么样的人作为衡量标准的。

一般情况下，统治阶级思想是体现在思想政治教育内容中的。但思想政治教育也应该是作为重要载体存在于广大人民群众精神需求之中的，并且在某些时期内，其与统治阶级的需要并不统一，因此始终有张力存在。对待这一张力的评价也是话语评价的重要内容。另外，评价教育者、受教育者的行为也是教育话语发展中应受到重视的内容。教育者与受教育者间的相互作用，影响着思想政治教育话语的产生与发展。教育者与受教育者间的话语在思政教育活动中是有差异性与多样性的。评价者在对他们的话语进行评价时，是能够对其话语产生引导和规范效果的，特别体现在教育者话语中。

很明显，思想政治教育话语是对教育者话语有约束作用的，一旦违反了教育话语的规则就很有可能产生悖论，这样离实际的预期也会越来越远。另外，在社会思潮话语的角逐中，思想政治教育话语也逐渐发展壮大起来。在其发展中难以避免的问题就是有关社会思潮话语的问题。社会思潮话语是推动其发展的重要因素。总结起来，给思想政治教育带来极大影响的是社会思潮的多变性、多样性，以及话语对群众的渗透。思想政治教育话语不仅要在社会思潮话语中吸收营养，还应做到不被其改造和批判。批判行为能够让人们逐渐对这些思潮的本质有更为深刻的理解，还能进一步将社会思潮话语的真面目揭露出来。我们不应认为所有的社会思潮都是不好的，而是要学会包容与宽容。但这样的态度也并不代表社会主流意识形态就不会受到社会思潮的影响，因此要谨慎对待，切忌让社会思潮任意妄为。我们不能否定的是，社会主流意识在这一个社会思潮多变与多样的时代中，所受到的冲击是非常大的。受到冲击的原因有很多，最重要的原因就是思想政治教育话语的作用没有得到充分发挥。

4.思想政治教育话语必须体现主导与引领有机统一

在理论上来说，思想政治教育话语是具有多面性的，它除了具有意识形态，还具有非意识形态，这两种形态是不能被分割开的统一体。也正是因为它们，才能直接反映出由思想政治教育话语引领与由思想政治教育话语主导的区别。

　　思想政治教育话语的核心是意识形态。统治阶级意识形态始终主导着思想政治教育话语，这也是最能展现学科特性的地方。思想政治教育话语是能体现自身在一定时期之内，统治阶级的核心价值观念与意志的，这也是其最明显的意识形态表现特征。有关意识形态的教育话语是一定要努力坚持下去的，因为这是以后的发展方向。在这一点上，我们应始终坚持马克思主义意识形态话语的主导地位，唱响主旋律，坚守主阵地，始终把握思想政治教育话语发展的方向，坚守思想政治教育话语的阶级特性。

　　另外，在非意识形态方面，要始终强调话语引领。但要注意的是，不应该过于强调主导，如果处处有主导则会阻碍思想政治教育话语的发展，不利于其有效传播。

（三）思想政治教育话语的基本命题

　　思想政治教育话语在教育活动中不应涉及的有思想政治教育的关键为话语描述、话语权力贯穿于思想政治教育话语的始终、话语效果影响思想政治教育话语的价值向度这三个命题。首先，思想政治教育话语最重要的任务就是，思想政治教育内容在被描述时需要达到何种语境与程度，才能促进教育者与受教者间的沟通，其描述的程度决定了教育结果的好坏。其次，权力想要贯穿思想政治教育的始终，需要用两个方式（无机方式和有机方式）进行，其贯穿的结果就是权力会渗透在教育话语所能触及的任何角落，且运用无机的方式更能体现出描述的灵活性。最后，思想政治教育话语生存的现实空间和依据与其效果有直接的关系，两者是相互作用与相互影响的。不能否认的是，思想政治教育话语的实效性是其存在的终极意义。

1.话语权力贯穿思想政治教育话语始终

简单的话语与权力的拼凑并不能被概括成话语权，话语权是这两方面有机结合与互相制约的结果，话语从存在的一开始就会与权力相纠缠。权力在思想政治教育中是始终支配教育话语的，且贯穿了全过程。思想政治教育的话语权可被分成两类，分别是内在权力和外在权力。其中，内在权力是在思想政治教育的活动过程中生成的。思想政治教育话语的权力是政治权力赋予的，教育话语在某种意义上成了统治阶级意愿与意志的体现，同时内在权力也是作为教育话语的内在要求存在的。思想政治教育话语发展的一个前提性问题就是，其是在为谁服务、其是谁的意志体现以及其在为谁说话。这些都代表了思想政治教育话语权中的内在权力。外在权力则主要是被其外部系统赋予的权力，主要包含了权威话语、政治权力、引导与蛊惑等，且教育话语是始终会受到外部权力制约的。外在系统中，最为核心的权力就是统治阶级的政治权力，思想政治教育与教育话语的发展方向的决定权都掌握在它的手中。

另外，教育话语权力的内部系统被赋予的权力包含了两个层次，分别是横向与纵向。从横向上看，教育话语权力的内部系统是包含了不同国家与不同领域间的思想政治教育话语权力。此外，强势话语对弱势话语进行渗透的方式也分为有机和无机两种。有机方式就是指通过一定的国家外交、行政机构与中介组织等，使思想政治教育强势话语能够有步骤且有组织地渗透进弱势话语之中；而无机方式则是指通过非机构化、零散的路径，让思想政治教育强势话语渗透进弱势话语之中。除了上述方式，其内在权力还包括一个重要因素，那就是教育话语在交往过程中形成的权力。教育话语权力的生产与再生产的实现要通过交往，其间主体们的话语权力关系慢慢得到确定。在这一过程中，思想政治教育话语的特殊权力也被言说者所赋予，这种权力正在努力推动着教育话语权力的生产与再生产。

思想政治教育话语权的再生产是在思想政治教育的活动过程中进行的，它是推动教育话语发展的重要力量。另外，统治阶级的政治权力也并不是完全操控思想政治教育话语权力的，权威话语在西方的政治教育话语之中有非常重要的地位，且有着十分重要的作用。总而言之，权威话语会对教育话语权力的发展起重要作用，但同时也会有一些弊端存在，有些时候也会成为其正常运行下的绊脚石。

2.话语描述成为思想政治教育话语的关键

话语描述从表面看就是将话语作为工具来进行描述。在哲学的角度分析，话语可分为评价和描述。塞尔曾指出，实证主义者认为话语可被分为两种类型，一类表达的命题可以表达真或假，另一类则表达人们的情绪。换句话说就是，很多有意义的话语是用来表达情感的，并不是用来分析或是证实那些命题。照这种观点来看，描述话语用于判断真假，而评价话语用来表达情感。思想政治教育在教育领域之中有本质与现象之分，很多情况下教育本质论中常用的是评价性话语，而现象学则使用的描述性话语。

随着信息化与数字化时代的发展，思想政治教育逐渐朝着微观领域进发，它使描述论在各个领域都有十分重要的作用，如在虚拟的社会、空间以及微观世界等，而处在宏观领域中，是难以适应和满足思想政治教育朝微观世界拓展的需求的。思想政治教育话语的空间在日益受到挤压，且思想政治教育在网络世界中已经慢慢丧失了话语权，在很多领域也依旧没有涉足之地。发生这一现象的主要原因，就是微观领域中思想政治教育话语的解释退隐，也可以说是缺少解释力。为了不丧失战斗力与吸引力，思想政治教育的话语描述也显得越来越重要。

其实，描述的变化是随着事物过程的复杂性的改变而发生改变的。所以作为特定宏观主体，它是有局限性的。微观领域中，描述也逐渐成了一种难以扭转的趋势。在未来，思想政治教育话语会逐渐朝着微观领域发展。通过描述论对思想政治教育话语进行研究，能更好体现出其主体主观能动性与工具理性。

由此，上述内容就涉及了话语描述的二重性问题，这是用来决定思想政治教育主体需要在哪种程度上对教育内容进行描述的问题。如果将其提升到哲学的角度看，就是主体对客体的描述是主体对客体认识的深层次内容。在本质上说，主体对客体的描述是话语的陈述过程，与其自身描述性质也有深层次的联系。随着教育微观的不断发展，描述开始向工具理性的方向发展，话语的描述论研究日益成为主体间性、话语权力、思想政治教育内容之间多元沟通和接触的重要路径。所以从描述论的视角看，它是对传统思想政治教育话语在实践当中的困难，做出的一次根本意义上的突破，并且它还开拓出了一条全新的研究道路。

但是，虽然话语描述的基本功能与性质已经存在于思想政治教育话语描述之中，但其话语描述在本质上同一般描述是不一样的。思想政治教育话语的描述性质的决定因素离不开其意识形态性与非意识形态性。意识形态性会决定它的描述会具备一些意识形态色彩，而非意识形态性会决定它的描述与意识形态色彩是有一定距离的，二者的张力推动了思想政治教育话语描述的发展。其话语描述主要可以分成对思想政治教育内容的描述、对主体间的描述和对一般事物的描述这三个层次。

其中，对思想政治教育内容的描述是话语描述的核心，教育内容的呈现是思想政治教育话语存在的最根本意义，如果教育内容不能够被话语所描述，那么话语存在的意义也就无从说起了。在时间上看，对思想政治教育的描述是包含了对古代和现代思想政治教育内容的描述；在不同领域中看，对思想政治教育的描述是对企业、军队、高校及农村等思想政治教育内容的描述；从空间上看，对思想政治教育的描述是对不同国家的描述。而话语描述中最基本的功能是一般事物在思想政治教育话语中的描述，也就是一般的话语描述。

描述是描述对象的客观性与主体的主观能动性的有机统一，除了可以代表主体自身，还可以是主体的活动。主体之间在思想政治教育话语中的描述主要包含主体间的价值与思想观念，还有在主体间的话语、行动等。其中对主体在价值与思想观念方面的描述是思想政治教育的基础和前提，并且其变化的核心因素是人在价值与思想观念上的变化，这些描述都是非常有利于教育者对受教育者进行诊断的。另外，对主体间的话语、行为的描述也相当重要。教育话语对其行为的描述使得评价有了一定基础，而主体行为还是思想政治教育内化过渡到外化的结果。因此，主体的各种做法都是思想政治教育效果的直接反映。教育话语对主体行为的描述表现得更加重要是在微观领域之中，它的描述目的是体现主体都在做什么，主要涵盖对教育者与受教育者的话语描述，涉及的描述问题是话语描述的自指。但自指的意思并不是指话语本身，因为话语描述是有滞后性的。思想政治教育话语对教育者、受教育者话语的描述都不是在当下进行的，不过也正因如此，这种教育话语才称得上是有意义的。

二、思想政治话语的构成要素

（一）思想政治教育话语间性

所谓话语间性，从社会语言学的视角来看，指的就是在功能过程中，话语在其各个方面都表现出了可能性，也就是存在于一种张力状态下的话语。信息传递的载体即话语，包含了社会语境中的语言使用、言语的行为与实际篇章对话等实质性的文字、身体语言等。话语意义的动态性特征及意义、弹性理解的决定因素，是话语系统的封闭性与开放性，也就是说，就算是同一个情境与同一句话语可能相同也可能不同，而不同情境和不同话语可能相同也可能不同，话语间性就是因为这样的话语间的意义错位而形成的。话语间性，即话语主体实现彼此理解的过程在话语本身的张力中是客观存在的，而且任何话语之间在不同程度下都有着各种各样的差别。这种差别不仅丰富和提升了话语的形式与主体的理解能力，还能让话语主体的理解度因张力大小的变化而改变，表现出不稳定性，这种特性也刚好体现了话语系统的开放性、封闭性特征，决定着话语意义的动态、静态属性。话语意义的弹性特征导致了理解仅仅只是一种可能，即不同的话语在不同的情境下，其意义的主体获得可能具有一致性，也可能不具有一致性；即使同一话语在同一情境下，其意义的主体获得也没有某种必然性，这种理解的模糊性直接源自话语间性的存在。

把话语间性引入思想政治教育领域，指在思想政治教育的活动中，因为传统的"主体性二分"模式，致使教育者、受教育者之间的话语空间分配得不平等，甚至出现教师话语霸权等问题，增加了他们之间话语的沟通障碍。话语间性中所突出的主体间话语是平等的，他们在各个方面的平等地位都是共同享有的。思想政治教育者与受教育者在主体间性介入之后都成为主体，这也就使得其政治教育迈进了多元主体的时代。思想政治的话语间性主要有两方面作用，其一是教育者与受教育者的话语向平等的方面推进，使得受教育者的话语空间的范围逐渐扩大；其二是为话语权在某些区域的分流与调配起推动作用，防止受教育者的话语空间遭到教育者的压制。

（二）思想政治教育话语语境

语境即言语环境，其中包含了语言因素与非语言因素。语境因素都是与话语相关的，如时间、情境、空间、上下文、对象与前提等。语境是语言学的核心概念之一，也是话语分析的基础。另外其对语言的制约是主要功能，在一定语境范围内限制了言语的交际与语言应用等，所以语言中的词语、语义、语言风格和结构等基本上都会受到语境的制约。语境在人的认知框架中的储存形式是模块化的，听话人激活模块的方式是其存在一些关联话语的内容，再将当前重叠于认知环境的部分，在自我认知的模块中找到。从斯伯波和威尔逊的角度来说，就是认知环境中的交际双方能被显映或是相互显映的情况下，才会对话语有所理解，不然就会被认为是一场失败的交际。因此，话语理解中的语境参与是一定要存在的。

只有在思想政治教育活动中，教育话语语境才会形成，才能使教育话语被接受与广泛传播，同时这也是教育者与受教育者可以互动和交往的言语场合。思想政治教育话语语境具有即时性、多变性、场域性、灵活性等特征。

一般意义上看，话语主体双方的视界间隔是思想政治话语语境的重要代表，话语有着历时性和共时性的特点，这些特征决定了传统的"前理解结构"可能很难被话语主体所摆脱。每一个人都是视界中的一员，不同的历史、文化与社会中都存在着不同的视界。因为主体间交往的根本方式是通过话语，主要方式是语句的表达，而内在机制则为推理、编码与解码，所以改变话语主体双方的观点，从而实现对世界的共同理解是其本质。但是，由于教育者和受教育者的话语经常自觉不自觉地被"视觉间隔"所制约，所以他们之间没有达到"意义共享"和"视域融合"，思想政治教育的沟通在这一情况下是无效的。这也就意味着，使用思想政治教育话语就必须重视语境，脱离这个言语"场域"，主体之间一旦不能理解彼此的意图，那就难以形成共识了。思想政治教育话语在不同语境下表达内容，可以是以不同的形式表达一样的内容，也可以是以同一种形式表达不相同的内容。相同的思想政治教育话语处在不同语境之中，起到的效果也是不同的，也就是说，教育话语语境究竟能不能将教育话语的意义、作用等通过主体交往表达出来，会直接影响到思想政治教育话语的意义和效果。

（三）思想政治教育话语预设

"预设即前提、先设。"这是 1892 年时，德国数学家、哲学家高特罗伯·弗雷格在《意义与参照》中提出来的，当时是为了对某些语义中的逻辑现象进行解释。

话语预设在思想政治教育话语实践中具有举足轻重的作用，它对主体间的交往过程中的默契与相互理解有直接的影响。除了语境因素十分重要外，话语预设也十分重要。受教育者要能接收教育者输送的信息，这就需要有共识性的预设存在。不然双方想要表达的意思都很难被理解，从而导致无法往下沟通。因而在话语交往前，通过一定的话语预设来了解受教育者的话语就显得十分必要。

思想政治教育中的整个过程，无一不体现着话语预设的重要作用，同时，主体交往的实际效果也由话语预设所决定。因此主体之间的话语预设一定要受到思想政治教育话语的重视，也在预设中充分提升交往效果。

（四）思想政治教育话语交往

所谓话语交往，是指以人的媒介为语言，以视界中背景知识为基础，从而对社会实践与思想文本的意义做主体间的话语互动，表现最为突出的就是运用语言对主张、批判与辩护过程的提出。

主体间进行沟通与对话的话语方式要以何种形式存在，才能够得到最佳效果，即为思想政治教育的话语交往。教育者与受教育者在教育过程中，利用话语可建立一种交往关系。主体间的交往为双方的交往，并不是教育者单向的灌输。思想政治教育的内化特征，决定了思想政治教育不能采取强制的灌输方式，而是应该在受教育者的个性与人格都受到尊重的情况下，进行的平等、自由的话语交往。

思想政治教育话语交往是思想政治教育话语体现意义的一个重要路径。在思想政治教育过程中，有某种关系被教育者与受教育者通过教育话语建立起来，它是否具有科学的交往内容、规范的交往手段等，都会与其话语的功能实现存在直接影响，进而也就与思想政治教育的实效性存在联系。所以，教育者与受教育者的话语交往应当充分受到重视，才能让双方在互动的同时相互理解。

（五）思想政治教育话语内容

构成思想政治教育话语内容的部分主要分为，体现学科特性的内核、体现思想政治教育话语广泛性特征的外围两部分。体现思想政治教育话语广泛性特征的外围，是作为重要区域存在于思想政治教育话语的借鉴与其他学科领域汲取话语的重要场域之中。它体现出了其教育的基本价值，主要涉及道德话语、心理学话语、法治话语、哲学话语等。

总之，思想政治教育话语内容是一个由多层次要素构成的复杂体系。思想政治教育话语内容的建构受社会发展规律、教育内在规律和大学生的身心发展规律的制约。思想政治教育话语内容是依据阶级社会对其成员的根本要求，时代条件发展变化的客观要求，思想政治教育内容的继承、借鉴及结构要求而形成的思想政治教育话语内容体系。

第二节　思想政治教育话语面临的机遇与挑战

一、思想政治教育话语面临的新机遇

我们正处于一个伟大的变革时代，这是一个思想极为活跃的时代。在世界范围内各种文化的动荡中，信息传播的渠道变得越来越多，人们开始慢慢增强了自身思想的选择性、差异性、独立性与多变性，社会环境的巨大变化日益显现。以上种种都是思想政治教育发展在变化中的新机遇、新挑战。

（一）网络社会背景下的新机遇

在互联网发展中，立体化的思想政治教育话语的内容逐渐代替了平面化的思想政治教育话语的内容，并成为主流，思想政治教育话语的内容从静态开始走向动态。互联网中信息的固有本质和极大的信息量，不仅使教育话语内容变得更加全面和丰富，还使思想政治教育话语内容具有了可选择性与客观性的特征。互联网中的科技含量、文化水平都很高，因此可以在现代科技信息与历史文化知识之中较好地隐藏教育话语内容的政治性本质。运动于信息高速公路上的网络话语已成为构成现实社会生活的重要话语形态，并以自主、开放、包容、多样和创新的特点为网民群体所青睐。

现代媒介主要是以互联网、移动通信技术与数字技术为代表，并对思想政治教育话语传播的公共载体加以构建，网络的话语内容、形式与方式都是作为教育话语发展中的新鲜血液而存在的，同时它们也将丰富的、源源不断的教育资源提供给教育话语，使其更加具有时代性。如今，思想政治教育话语的宏观领域在飞速发展的社会之中，已经很难满足虚拟世界的需要了，这就代表着教育话语逐渐靠近微观领域。而教育话语只有通过延伸至微观领域，才能形成完整、全面的话语体系。

网络使思想政治教育话语权出现了转移和重新分配。首先，被打破的思想政治教育话语的垄断是掌握在少数教师手里的。大众传媒由于各种新媒体的出现，由其自上而下的逐级参与变成了平等参与，本来由媒介进行控制的话语权开始更多地被社会公众所拥有。与此同时，互联网有着交互性、虚拟性和开放性等特点，这些特性使得很多大学生拥有了自主选择权与主动权，提升了大学生的主体地位；大学生的话语权也因为新型的交往关系而获得了尊重。除此之外，很多论坛、博客也开始将实践的平台交给大学生，并且也给了个体话语权。虽然教师还是在一定程度上压制着大学生，但是大学生和教师的话语权大小已经不相上下了，教师也已经无法真正独占思想政治教育的话语权了。

随着互联网的快速发展，如今表达教育话语内容的形式为图片、影像、声音与文字等，手段为多媒体、计算机与虚拟现实激光技术。互联网

126

不仅增加了思想政治教育话语所承载的信息含量，还增强了思想政治教育话语的吸引力和感染力。网络让每个人都能参与进来，并且还能让每个人都成为网络信息的获取者、拥有者与提供者，使得教育主体可以从不同的地域与社会中，接收到信息资源，使教育主体逐渐与之前狭小的空间脱离开来，让教育空间不断扩大，直到向全社会开放。同时网络还保证了思想政治教育话语的时效性，网络上的信息的更新速度极快，这样一来，就能确保教师与大学生能及时地了解并掌握国际关系、社会热点与思潮变化等信息。

（二）全球化浪潮中的新机遇

当代社会的基本特征之一就是全球化，这也是作为大背景存在于中国经济社会的全方位发展之中的。从器物、制度再到文化，全球化深刻影响且改变着社会的发展与人们的生活。全球化中，在场与缺场的纠缠使得远距离的社会关系、条件和地方性的场景相互交织。在这一过程中，意识形态与思想文化贯穿于全球化的始终，各类文化的价值观念与思潮也相互渗透，丰富、多元的个体生活世界开始逐渐显现出来。民族的片面性和局限性日益消失，人们开始成为真正的公民，不再用狭隘的视野思考问题，全球意识也就随之形成。交流与对话如今已经普遍存在于全球化的文化之中，被各地区、各民族的人广泛应用。各种价值观念的激烈碰撞与冲突，使价值目标的自由选择度有所提升，使个体性特征明显的价值主体更加张扬，使社会价值的多元化日益明显，而嘈杂也逐渐成为了当今时代的主要特征。思想政治教育的文化隔离机制逐渐被全球化背景下的多元社会所削弱，思想政治教育由此显现出明显的开放性特征。开放性特征有利于思想政治教育话语广泛地吸收世界各民族的优秀文化话语资源。

全球化从话语角度上看是包含政治、经济、文化等方面的话语表达的，其话语形式也是由不同主体建构起来的。全球化话语是一种新的话语形式，其内涵主要体现在三个层面：

第一，全球化话语的类型多种多样，包含了文化话语、经济话语、网络与信息全球化话语等类型，它们所描述与表达的含义也都各不相同。但最应注意到的是，全球化话语多样性与某些领域上不断增强的趋同性并不是互相排斥的。

第二，全球化话语是对事物发展与世界存在进行的全球性描述，其话语形式是跨区域的，也是跨民族的。

第三，全球化话语也是作为建构性话语而存在的，它使用了独特话语，并基于诠释与描述事物的发展，对全球化的知识与理念进行建构的。全球化话语的特点是跨区域、渗透性强和具有普世性，它在很大程度上影响了区域性、民族性与地方性话语。所以在一定程度上来说，其还对这些地方性话语有一定的冲击。全球化话语实际上已经让人们改变了之前的狭隘视野，最终形成了全新与合理的整体意识，这种意识也就是我们常说的全球意识。

从上述内容中我们可以看出，全球性话语涉及全球的每一处角落，并且有着非常深刻的内涵。它为教育话语在以后的发展中开拓了新的空间，同时也在全球化话语与教育话语的接轨方面提供了新机遇。而且，思想政治教育只有学会与其全球化话语接轨，才能逐渐走向国际化，并为其国际化的形成做话语支撑。其在全球化的话语空间下发展，除了会获得更为丰富的资源与拓展理论外，还能为话语时间奠定更加宽广的理论基础。

实践层面中，思想政治教育话语是具有实践性的，是作为在主体之间完成说服、沟通与意义表达等实践活动的建构、参与者而存在的。不管是教师还是大学生，都是处在全球化背景之中的，因此都需要紧跟时代步伐，拥有敏锐的洞察力与社会眼光，时刻关注社会的局势、思潮与动态等，并要广泛涉猎多个领域中的话语资源，尤其是全球性社会思潮下的话语资源，这样才能将思想政治教育话语在主体间的交往、沟通之中不断地丰富，也为其今后的发展创造好的平台条件。此外，在全球化背景下，各国价值观念和文化模式相互渗透，使得思想政治教育话语具有越来越多的世界性和人类性的内涵，这为话语主体间的交流、互动，以及为最终实现"视界融合"提供了基础。

思想政治教育还是作为特殊话语形态存在的，从属于一般性的话语范畴之中，其在理论层面上与全球化话语是相通的，两者不是完全相排斥的。

二、思想政治教育话语面临的挑战

如今，网络社会交往的方式越来越向虚拟与复杂化偏离，这种情况就会增加思想政治教育的风险性。并且，现代网络社会生活的基本形态也向虚拟与复杂化偏离，这种生存方式也大部分释放了青年人的某些自由反叛意识，进而通过想象进行虚拟的发泄与表达。思想政治教育需要发展微观领域，是因为虚拟现实的出现。虚拟现实使得话语上的虚拟与复杂化的表达出现，而这一表达必定会存在风险。因为传统的现实话语拥有较为简单且直接的交往模式，所以风向是相对较低的；但虚拟交往则没有现实制约，人们在表达时会渐渐忽略社会道德规范，而且网络上还会出现一些煽动人心的虚假话语来混淆人们的视听。另外，网络信息是具有不可控性的，这就使得思想政治教育话语面临的风险增大。

网络话语体系的形成加剧了话语差异和话语冲突。随着网络信息时代的到来，网络话语这种新的社会话语体系应运而生，并呈现出无中心性、虚拟性、情境性、飘浮性、开放性等特征，这对于思想政治教育话语来说是一项极大的挑战。网络话语是新兴的沟通媒介，也是进行网上交流的工具，并且还集中体现了当代青年的亚文化现象。思想政治教育的传统话语之所以始终存在失效和滞后的风险，是由于青年会广泛对生活与网络话语进行涉猎，并总会产生新的诉求。这是由于在形式和内容方面，传统的教育话语的话语规范性与语境的严肃性等特点非常鲜明，而网络话语则呈现出娱乐性、多样化且不规范的特点。面对两种话语差异时，青年学生很难代入进其熟悉的文化语境之中，思想政治教育话语与受教育者话语之间难以产生共鸣，从而使得其不被接受和认同。人的社会性约束在网络空间中被逐渐淡化，从而对思想政治教育提出了更高要求，要求其让那些虚假、空洞的信息与抽象的概念等不再向人灌输。教育者与受教育者相比，实际上并没有走出传统的教育环境，所以也很难适应新的环境，但受教育者不同，他们已经成功进入了网络生活之中，且已经坐在了前列。这也就是为什么网络时代的思想政治教育会产生话语差异。教育环境的重构揭示了思想政治教育传统环境向网络环境过渡的必然性。当代世界意识形态的冲突与较量的展开，大多都是在西方意识形态的话语体系范围之内，而网络已成为意识形态领域的重要阵地之一，思想政治教育话语如果不使用或不介入这一载体形式，不仅会丢失一块阵地，还会冲击甚至抵消其他形式工作的成效。并且，随着网络信息时代的到来，网络话语这一新的社会话语体系应运而生，并呈现出无中心性、虚拟性、情境性、飘浮性、开放性等特征，这对思想政治教育话语提出了严峻的挑战。同时，在淡化网络空间的社会约束性方面，思想政治教育也被提出了更高要求。美国著名未来学家阿尔温·托夫勒曾说过："控制与掌握网络的人，就是人类未来生活的主宰，谁掌握了信息、控制了网络，谁就拥有了整个世界。"

总之，思想政治教育的传统话语与新媒体话语、网络话语之间存在着很大的冲突与矛盾，如果再不发展与创新，那么以后在交流和沟通话语信息的传递中就会形成很大障碍。

第五章 新媒体时代高校辅导员的角色担当与作用发挥

当今社会，传统教育方式在复杂的国内外时代背景下，以及新媒体飞速发展的条件下遇到了种种挑战，高校辅导员是大学生思想政治教育的骨干力量，高校辅导员应利用好自身的独特优势，结合新媒体平台，有效发挥大学生思想政治教育有生力量的关键作用，积极开展有针对性的大学生思想政治教育。

第一节 辅导员的角色定位与时代使命

一、高校辅导员角色定位概要

角色定位是指与人的某种社会地位、身份相一致的一整套权利、义务和行为模式。职业形成的本质是社会分工不断细化的过程。社会分工更加细化能够使各个职位的工作效率更高。同时，社会分工的不断细化能够使职位的职能更加明确。辅导员这一职位产生于政治工作，其随着教育的发展而不断发展和丰富。但辅导员的角色定位不清晰，因此我们需要明确辅导员的角色定位。

（一）角色定位

辅导员的角色具有社会性质。它是在社会分工逐渐细化和提高工作效率需要的前提下产生的。辅导员队伍建设和人民政权建设，以及教育的发展是同步进行的。辅导员制度历经了社会主义改造时期、全面建设社会主义时期和改革开放与现代化建设时期，辅导员的角色定位随着历史的变迁，由单一性角色转化为多元化角色。

辅导员既是教师又是学校的管理人员，在师资队伍和管理层中有重要地位。辅导员应不断提升自己，完成好本职工作，并成为学生的人生导师和朋友。

在学生的学习和生活中，高校辅导员的角色定位有以下几种：

1.高校辅导员是学生的人生导师

辅导员属于学校的教师，是特殊的辅导教师。辅导员要充分调动已有的知识和工作经验来辅导学生，在学生接受专业知识课程教育之余为学生提供思想政治教育。高校的学生正处于人生观、价值观和世界观形成的关键时期，这一时期特别需要辅导员的思想引导。

2.高校辅导员是学生健康成长的朋友

辅导员要深入了解学生的心理特点、心理需要和思想状况，根据学生的实际问题对学生进行辅导，成为学生成长路上的良师益友，以便更好地完成有关学生的工作，帮助学生成长成才。

3.高校辅导员是学生工作的组织者、引导者和实施者

辅导员在学生的思想政治教育中发挥着重要作用，是学生思想政治教育的组织者、引导者和实施者。辅导员要根据学生在日常学习和生活中遇到的实际问题，有针对性地展开思想政治教育工作，为学生党支部和班委会的工作提供指导，通过举办思想政治教育专题活动引导学生思想，并积极发展学生党员，完成好学生干部的培养工作。

（二）工作要求和职责

辅导员的职责就是辅导员工作内容和工作任务的具体要求。辅导员要履行其职责，保证工作任务的落实，以此发挥自己在学校教育教学中的服务和保证作用，帮助学生成长和成才。

1.工作要求

辅导员的工作要求是完成好学生的思想政治教育和服务育人工作，指导班级建设和班级管理；在学生思想政治教育规律的指导下，注重继承与创新，创造性地完成工作，帮助学生成长和成才；学习学生思想政治教育的理论和方法，使自己的素质和能力不断得到提高；有计划地调查和研究学生工作中的新变化，及时制定应对策略。

2.工作职责

辅导员的工作职责是引导学生形成正确的价值观、人生观和世界观；引导学生树立远大目标并不断为之奋斗，使学生中的先进分子树立共产主义理想，坚定他们的共产主义信念；提升学生的思想道德品质，定期与学生谈话，使学生形成自尊、自律、自强的良好品格，提高学生克服困难的能力，并帮助学生解决在学习和生活中遇到的实际问题；了解学生的思想状况，对学生的不良思想进行引导和疏通，化解学生矛盾；对有经济困难的学生积极提供帮助，认真落实勤工俭学工作；认真落实毕业生就业指导和就业服务工作，使学生树立正确的择业观，为学生提供真实有效的就业信息。

二、角色定位中存在的问题

（一）高校辅导员的定位不准确

高校的思想政治教育在高校的人才培养中有重要作用。高校的思想政治教育包括提高学生的思想道德水平和管理学生的生活以及组织活动，前者是高校的思想政治教育的重点。

在高校辅导员的角色定位中存在定位不准的问题。一些辅导员将组织学生活动、管理学生的生活、落实勤工助学工作等事务作为工作主体的部分，缺乏对学生的心理特点和学生发展实际需要的研究。还有一些辅导员不注重提高学生的思想道德水平，只是组织娱乐性的学生活动，活动的思想性和教育性不够。

（二）高校辅导员的角色不清晰

很多辅导员不能明确自己的角色，认为自己的角色定位是教师或是管理人员。这导致他们完成本职工作时不积极、不乐于研究专业知识，只是被动地完成工作。一些辅导员在工作中没有创新意识，只是单纯地因循守旧，这些问题都是自己对角色的认识不清导致的。

（三）高校辅导员的职责不明确

高校辅导员有其自身明确的职责，其职责是完成学生的思想政治教育工作。但在实际的教育教学过程中，辅导员的职责并不明确。

高校辅导员除要完成本职工作外，还承担着其他工作。辅导员要解决学生在生活和学习中遇到的问题，要处理任课教师和学生的关系上的问题。这些问题导致了辅导员的职责不明确，辅导员要解决大量的与学生有关的琐事，而不能集中精力完成本职工作。

三、高校辅导员角色的完善

（一）传统角色的完善

1.高校辅导员是思想政治的教育者

在辅导员制度设立之初，辅导员便被赋予了思想政治工作者的角色。辅导员是学生思想政治教育的组织者和实行者，肩负着教育学生政治思想的使命，是学生成长成才的引导者。同时，学生的思想政治教育工作也是辅导员的基本工作任务之一。

高校的学生正处在价值观、人生观和世界观形成的关键时期。高校辅导员要加强对学生的思想引导工作，要用马克思主义基本原理武装学生的思想，使学生树立起正确的价值观念和远大的奋斗目标。

高校辅导员要承担起思想政治教育者的角色，用马克思主义基本原理指导学生的成长。高校辅导员要想承担起思想政治教育者的角色应从以下几方面着手：

首先，要使学生形成对马克思主义理论的正确认识，培养学生对马克思主义的坚定信仰。马克思主义是科学的世界观和方法论，能够帮助学生形成正确的价值观、人生观和世界观。

其次，引导学生在马克思主义的指导下，使用发展的眼光看待问题。随着科学技术的发展，现代社会快速变化，国际局势纷繁复杂，高校的学生由于资历尚浅、思想不成熟，容易在复杂的环境中迷失自己。高校辅导员要引导学生使用发展的眼光看待国际上的问题和我国发展过程中出现的问题，对其形成正确的认识，增强全面建设社会主义现代化国家的信念。

最后，尊重学生的主体因素，根据大学生的心理特点采用有针对性的教学方法和教学原则，开设专题教育，提高学生的思想道德素质，完成思想政治教育工作。

2.高校辅导员是学生成长的引领者

高校的学生正处于从校园走向社会的关键时期。在高校的学习中，学生与辅导员接触得最频繁，与辅导员的关系也最密切，辅导员对学生的影响最容易、最明显。将辅导员看作学生成长的引领者，是将学生作为中心的教学理念的客观要求。

辅导员的引领者角色主要体现在辅导员作为学生学习的榜样和朋友方面。辅导员对待工作的态度、对待学生的态度和治学态度都会影响到学生。辅导员作为学生成长的引领者，还要向学生传递正确的社会价值观念和社会标准。辅导员还将起到道德示范作用，引导学生正确的道德观的树立和责任感的培养。

3.高校辅导员是学生工作的管理者

高校辅导员不仅要完成思想政治教育工作，还要完成行政和学生管理工作，包括新生报到、学生出勤情况考察、奖学金评定、学生综合素质评定以及毕业生就业工作等。其他教师和学校有关部门也常常通过辅导员与学生联系。因此，辅导员是认真落实学生工作、完善学生工作的管理者角色。

4.高校辅导员是学生心理发展的疏导者

科学研究发现，高校的学生正处在心理变化最丰富的时期。高校辅导员面对的学生群体有着丰富的心理特征。

其一，大学生的心理正在向成熟化发展，高校学生正逐步摆脱心理依赖，自我意识增强，情绪多变。

其二，现代社会发展速度快，年轻人生存压力大。面对这一现实，大学生在学习、生活、人际关系和就业方面面临压力，这些压力可能会引发一些心理问题或心理疾病。因此，高校辅导员要承担起学生心理发展疏导者的角色，根据学生的心理需求和心理特点对学生进行心理疏导。

（二）新型角色的完善

随着全球化进程的不断加快，我国的高校教育逐步与国际接轨，高校的办学能力和办学水平需要用国际标准衡量，高校的人才培养也要遵循国际标准。互联网技术和电子计算机技术的发展使信息化进程和网络化进程不断加快，各种思想大量涌入，对大学生的思想造成冲击。随着高校办学规模的扩大，招生规模不断扩大，学生的就业压力持续上升，传统的学生管理模式已经不能适用于新的情况，大学生工作的管理者需要转变管理观念，使用新型管理手段处理学生工作中的新变化。因此，要对高校辅导员重新进行角色定位，使之不断完善。

1.高校辅导员是学习者的角色

现代社会已发展成了学习型社会，终身学习的观点在全球得到了认同。高校辅导员应明确自己学习者的角色。现代社会中，科学技术的发展速度快，知识和信息的更新速度快，不积极主动学习新的知识和能力的人与不善于学习的人将被社会淘汰。

高校辅导员作为学生工作的组织者、引导者和实施者，肩负着大学生思想政治教育的重要任务，应积极学习有关思想政治教育理论和学生管理的知识。高校辅导员学习与工作内容有关的知识能够增加自身知识储备，完善自身知识结构。辅导员要突破自己在学生时代的知识局限，积极学习学生的专业知识和专业内的前沿知识，了解社会热点。辅导员在完成学生工作的过程中会遇到各个方面的问题，掌握马克思主义基本原理、思想政治教育理论、学生的专业知识和社会上的信息是做好学生工作的前提条件。因此，辅导员要拓宽自己的知识面，在某些方面应有所建树。

辅导员要想完成好学生工作，就需要在学生中树立自己的正面形象，提高自己在学生中的凝聚力和向心力，这主要通过自己的人格魅力、感召力和自身的内涵实现。因此，辅导员要不断学习理论知识，积极参加专业技能培训，提升自己的业务能力。

由于高校的课程安排十分丰富，学生在学习过程中不可避免地会遇到问题。这就需要辅导员要掌握相关的知识，解决学生在学校的课程安排中遇到的问题。此外，辅导员还要积极学习学生的专业课程的前沿动态和最新的理论成果，以便将学生的思想政治教育工作和对学生的专业课程的指导结合起来，从而更好地完成本职工作。

2.高校辅导员是服务者的角色

为学生服务和为学校的办学目标服务是高校辅导员工作的本质，高校辅导员的工作具有直接性、基层性、复杂性、烦琐性等特点，但最根本的特点是服务性。高校的学生工作要为学校的教学工作和办学目标提供服务，从根本上讲，是为学生的学习和生活提供服务。

因此，在新的发展形势下，高校辅导员在落实学生工作时要坚持以学生为本的原则，切实为学生提供服务。高校辅导员首先要明确服务者的角色，将为学生服务作为学生工作的指导思想，并切实落实这一指导思想，在学生工作中将学生作为学校的主体，积极解决学生在学习或生活中遇到的问题。同时，辅导员要不断学习，提升自己的业务能力，为学生提供高质量的服务。辅导员要满足学生成长和成才的合理需求，解决学生的实际问题。

3.高校辅导员是合作者的角色

合作者有两层含义：一是高校辅导员要与学校有关部门积极合作，共同完成学生的思想政治教育工作；二是高校辅导员要与学生积极合作，共同完成学生工作。

学校的各个部门需要相互配合才能完成学校的办学目标。辅导员由于其独特的位置成了连接学生与学校各个部门、学生与其他教师之间的纽带。因此，高校辅导员要与学校的有关部门相互配合，共同完成人才培养目标。同时，学校的相关部门在开展学生工作时要积极与辅导员配合，确保工作的落实。

对于学校的有关部门来说，在开展学生工作时与辅导员合作是对辅导员工作的认可和尊重，即认为辅导员不仅是学生工作的执行者，也是自己展开工作的助手，在学生工作中发挥着重要作用。对于辅导员来说，学校的相关部门在开展学生工作时与自己积极合作是对自己协作者身份的肯定，即自己是学校各职能部门的协作者，而不仅仅是学生工作的管理者和执行者。在学校的统一领导下，学校的各个部门和辅导员的关系平等，在开展学生工作时要相互配合，共同将学生工作落到实处。

辅导员的工作对于学生的成长和成才有重要影响，学生要配合辅导员完成工作。这种配合表现在两个方面：一方面，辅导员的工作要满足学生成长和成才的需要；另一方面，学生在学习和生活过程中要学会正确处理与辅导员的关系。我国大学生的独立生活能力不强，同时，高校的教学体制比中学的一体化的教学体制更加灵活，学生可能难以适应。在这些问题的解决上，辅导员有其不可替代的重要作用。因此，学生要与辅导员积极合作。

4.高校辅导员是研究者的角色

高校辅导员工作是一门科学，具有极强的应用性。辅导员要研究自身工作、学生的特点和问题、学校的教学现状以及社会现实，这样能够提高辅导员的研究能力，也能够使辅导员的工作更加科学。这种研究能够提高辅导员的认知能力和自我觉察能力，辅导员在研究的同时要对研究对象和研究问题进行反思，以便及时调整工作方法，提高工作效率。

例如，在毕业生就业问题上，辅导员要想帮助毕业生找到适合的工作，首先要了解社会需求，学生专业领域的发展动态，及时为学生提供就业信息，指导学生的就业。同时，辅导员要根据学生所学的专业、学生的能力素质、学生的兴趣爱好和特长，帮助学生制定职业生涯规划，并根据学生素质能力综合评估体系评定学生的能力素质，帮助学生找到合适的工作。

此外，高校辅导员之间可相互观察对方的工作，及时交流工作中的问题和经验，互相帮助对方发现问题，共同提高。

高校辅导员要研究学生的生理和心理发展规律以及社会的热点问题，积极探索有关学生思想政治教育工作的新方法，提高自己的理论高度、思想高度以及科研能力。

5.高校辅导员是创新者的角色

创新对于民族进步和国家的发展有着重要作用，对高校的思想政治教育也具有重要作用。高校辅导员应树立创新意识，根据学校教学和学生的实际情况积极创新。辅导员要想集中精力展开创新性的学生工作，培养具有创新意识的高素质人才，就需要提高自身的创新能力。

知识社会的时代已经来临，创新能力已成为促进社会发展的主要推动力。高校辅导员在开展学生工作的过程中应坚持以人为本的理念，采用具有创新性的工作方法，将传统的管理方式转变为开放式的、动态式的和服务型的管理方式。

四、高校辅导员的时代使命

在当前国际国内复杂的时代背景下，面对新媒体条件下传统教育方式不断衰退、大学生思想政治教育实效性不高和高校主流意识形态阵地萎缩等挑战，作为大学生思想政治教育骨干力量的高校辅导员，如何充分利用自身的独特优势，在新形势下有效发挥大学生思想政治教育有生力量的关键作用，开展有针对性的大学生思想政治教育无疑成了时代交给高校辅导员的一个重要课题。

随着我国社会加速转型，以及来自经济全球化、信息网络化、文化多样化和价值观念多元化的冲击和影响，大学生思想上的庸俗化、选择上的功利化以及信仰迷失等问题日趋严重。这迫切需要我们重新审视辅导员的角色定位，强调和突出其思想政治性及意识形态功能，开展有针对性的思想政治教育，开展适合大学生特点的马克思主义意识形态教育，更好地引领大学生顺利地走过思想迷茫期，成长为中国特色社会主义的合格建设者和可靠接班人。这是新媒体时代中的各种挑战对辅导员的新要求，更是辅导员主动担当、有所作为的时代使命。

第二节 新媒体时代辅导员担当大学生思想政治教育主力的必然性

一、高校辅导员担当大学生思想政治教育主力的必然性

高校辅导员作为大学生思想政治教育的独特群体被推上了时代舞台，并在实践中逐步成长为一支不可或缺的大学生思想政治教育的重要力量，成为新媒体时代大学生思想政治教育当之无愧的"近卫军"。辅导员担当大学生思想政治教育主力有其必然性，这既是时代发展的选择，也是辅导员角色定位与历史使命的内在规定。

（一）是高校培养社会主义合格建设者和可靠接班人的现实需要

辅导员是大学生进行理论武装不可或缺的重要支撑力量。新时期下的新形势对高校辅导员提出了开展意识形态教育的新任务和新要求。从国际环境来看，世界多极化和经济全球化的趋势在曲折中发展，科技革命日新月异，综合国力竞争日趋激烈，各种思想文化相互激荡。从国内形势来看，我国改革开放进一步深入，社会经济成分、组织形式、就业方式、利益关系和分配方式日益多样化。在各种因素的交织作用和影响下，我国高校中一些大学生身上出现的信仰迷失、理想信念模糊、价值取向扭曲等问题日趋严重。面对这些现实情况和挑战，要想顺利完成高校育人任务，就需要辅导员发挥其无可替代的作用。他们弥补了意识形态教育上的一些漏洞，有力地推动着高校培养社会主义"四有"新人目标的顺利实现。

（二）是"立德树人"的必然要求

高等教育是人才培养的高级阶段，反映到思想领域就是要对高校生进行社会主义核心价值观教育，使他们具备社会主义的思想道德。高校生对"德"更具有选择性。辅导员既要承认"德"的多元化的现实，更要培养高校生的社会主义道德。立德树人就是要树立马克思主义的时代观，培养学生将历史、现实、未来看成一个整体的世界眼光，养成在世界的大背景下进行思考的习惯。

"立德树人"是辅导员工作的宗旨。高校的管理制度应发挥制度育人的作用，实现育人的价值。制度制定的过程是辅导员与学生之间不断沟通的过程，核心是在制度中强化道德指引，培养高素质人才。

全面育人的管理目标，可以使辅导员及时了解学生需求，不断完善管理方法，提高管理质量。在管理改革潮流的推动下，高校应听取学生意见，重视学生的权利，还应推行学生自主管理模式，提高学生在管理工作中的主动性，这在一定程度上能减轻辅导员的工作压力。

辅导员应引导学生树立正确的价值观念，培养学生形成良好的道德品质，推动学生的全面发展。高校应营造积极向上的文化氛围，辅导员应积极组织学生参与社会实践，让学生了解社会文化，提高自身素质。

（三）是马克思主义中国化的实践需要

如何利用马克思主义的理论和先进思想武装大学生，是高校应思考的重要问题。高校作为马克思主义教育的重要阵地，能够推动马克思主义思想在中国的传播和发展，能对学生进行思想政治教育，使学生形成正确的价值观念。随着现代信息技术的发展，高校的思想教育面临信息多样化、价值多元化等情况，这对高校的思想政治教育提出了新要求。在这样的环境下，作为大学生思想政治教育的实施者，辅导员应与时俱进，在继承马克思主义思想的基础上，不断进行马克思主义中国化的理论创新，进一步加强对大学生的思想政治教育。辅导员队伍是马克思主义中国化在高校开展实践的重要队伍。辅导员队伍质量的高低、辅导员工作效果的好坏，直接影响到大学生的思想政治教育效果。要想推动马克思主义中国化，辅导员首先应有坚定的马克思主义信仰，有深厚的马克思主义理论功底，有优秀的道德品质。因此，应深化辅导员队伍专业化建设，使辅导员成为马克思主义的传承者和传播者。但需注意的是，辅导员对马克思主义的传承并不只看其对马克思主义理论知识的掌握程度，还要看其人格上和言行举止中是否体现出了马克思主义。

对马克思主义的传播，更多应是传播马克思主义的精神与价值诉求。辅导员应对中国化的马克思主义有较为系统、深入的掌握，对党的路线、方针和政策有深入的关注和了解。辅导员不仅要掌握马克思主义的基本内容，更要在掌握基本内容的基础上，学会运用马克思主义去解决实际问题。

高校应坚持辅导员队伍的专业化建设，积极为辅导员队伍建设创造条件，帮助辅导员明确发展方向，使辅导员能按一定的方向完善自己，鼓励辅导员继续学习，支持辅导员向专家化方向发展，选拔和培养优秀辅导员，并进行对外培训、考察和进修。高校辅导员应对角色有全面的认识，明确自身职责，不断完善自己的知识结构和专业素质，使自己具有扎实的马克思主义理论功底，以提高思想政治教育质量。

（四）是高等教育体系完备的特色所在

在当今中国社会转型阶段，现代高校管理制度应跟随时代发展步伐，不断改革和创新，解决目前高校管理存在的问题，进行新探索和新研究，打造具有高校特色的管理制度，使高校的教育体系不断完善。完善高校制度建设，更重要的是制度的实施，高校师生是高校的主体，是制度实施的参与者，应让高校主体的主体性得到充分体现。

管理体系是我国高校制度的重要组成部分，在高校教育体系中发挥着重要作用。高校辅导员队伍是大学生教育与管理工作的骨干力量，是培养复合型人才的重要力量，是维护高校正常稳定工作的主力军。辅导员队伍的建立，进一步丰富和完善了我国的高校制度，能在高校人才培养的过程中发挥重要作用，有利于解决高校人才培养中有关学生全面发展的实际问题，是高等教育体系完备的必由之路。

二、高校辅导员担当大学生思想政治教育主力的重要意义

（一）对解决当前大学生信仰危机具有重大的现实意义

高校辅导员担当大学生思想政治教育主力对解决当前大学生信仰危机的现实意义非常重大。在改革开放过程中出现的一些矛盾和问题使一些大学生出现了信仰迷失、价值取向扭曲等问题。

马克思主义意识形态教育是解决信仰问题最直接有效的途径。马克思主义具有强大的精神力量，我们运用马克思主义来武装、培养大学生，体现了社会主义大学育人的本质要求，同时这也是解决大学生信仰缺失等思想问题的关键。辅导员发挥自身的优势，开展有针对性的思想政治教育，引导大学生树立马克思主义崇高信仰，这是解决大学生个人信仰、信念等

一切问题的有效途径。从这个意义上说，辅导员应主动担当开展大学生思想政治教育的主力。

（二）对高校和社会的和谐与稳定具有重要保障作用

在社会、家庭中，高校大学生具有较高的地位，所以大学生对社会具有很大的影响。做好大学生的安全稳定工作，对于保持高校稳定与和谐，乃至整个社会的稳定与和谐都起着十分重要的作用。辅导员通过日常思想政治教育，特别是马克思主义意识形态教育，能够帮助大学生正确认识个人、集体与社会之间的关系，认清社会发展的规律和主流，还能帮助他们用更宽广的眼光观察事物，而且能教会他们自己运用马克思主义来解决自身的信仰迷茫、思想困惑、信念不坚定等问题，有效地提高他们对真假、善恶、美丑的辨别、判断能力。有了这些素质和能力，他们不仅不会危及高校的稳定与和谐，而且还会成为维护校园稳定与和谐的帮手。

（三）对开发利用大学生人才资源和建设人才强国具有深远影响

大学生是人才的主力军，是拥有无限潜力的宝贵群体，是国家建设的重要人才来源。辅导员担当大学生思想政治教育主力，主动开展思想政治教育，尤其是马克思主义意识形态教育，这对于培养思想政治合格的社会主义建设者和接班人具有重要意义，是大学生成为人才资源必不可少的重要内容。在开发和利用大学生人才资源的过程中，辅导员作为将马克思主义与大学生结合起来必不可少的中介、马克思主义意识形态教育者，无疑是开发大学生人才资源的助推器，发挥着不可或缺的作用。辅导员的教育不仅有助于提升大学生人才资源的质量，提高开发和利用的效率，对我国建设人力资源强国也具有深远的影响。

第三节　新媒体时代辅导员担当大学生
思想政治教育主力的独特优势

一、高校辅导员的工作优势

工作优势是指辅导员在教学工作上的教师身份、在学生管理工作上的干部身份，以及由这双重身份所规定的工作职责使其在大学生思想政治教育中具有比其他教师更为有利的条件或优越的地位。高校辅导员具有双重身份：教师和干部。这一身份的独特性，也决定了其工作的独特性——承担双份工作。一是教育，主要是思想政治教育工作，除了自己亲自教育之外，还可以根据需要和可能，组织或邀请其他教师来进行培训或授课；二是管理，学生管理工作。辅导员身份上的优势就是工作上的优势，而工作上的优势，是建立在辅导员良好的素质基础之上的。在工作中融入思想政治教育甚至是意识形态教育，不但不会引起学生的反感，而且还容易引起他们的兴致。在这样的情境下开展对大学生的教育，往往能取得更好的效果。

二、高校辅导员的思想优势

思想优势是指辅导员由于自身的一些独特性，而在大学生思想政治教育各个环节及其过程中所具有的思想交流上的优越地位或有利条件。高校辅导员开展教育具有三个方面的优势：

第一，辅导员总体上是高校中最年轻的一支教师队伍、管理队伍，他们与大学生年龄相仿，与大学生的生活圈子类似，与大学生的思想方法和行为方式相近，在思想上有更多的共鸣之处。这为辅导员有效开展思想政治教育提供了有利条件。

第二，辅导员处在学生工作的第一线，经常深入学生当中，更了解学生的思想动态，这使他们在开展思想政治教育时更有针对性。

第三，辅导员尽管年轻，但他们大多是来自高校优秀的学生干部，或是教学一线的优秀青年教师，是同龄人中的佼佼者。因此，他们的政治觉悟较高、思想素质过硬，在大学生中容易产生榜样、示范效应，发挥引领作用。较高的思想觉悟和过硬的思想素质无疑为他们开展大学生思想政治教育提供了得天独厚的思想交流上的优势。

三、高校辅导员的情感优势

情感优势是指辅导员身处学生工作第一线，负责大学生日常思想政治教育和管理工作，在与大学生的交往中结下深厚的情谊，成为高校教师与管理干部队伍中与大学生最为亲近的一个群体，从而使辅导员开展大学生思想政治教育时在情感上具有其他教育者无可比拟的优势地位和有利条件。

从辅导员角度看，辅导员由于工作职责所在，他们必须经常深入学生宿舍、课堂和教室，在日常工作中逐步与大学生打成一片。在长期面对面的交往和日常管理工作中，辅导员往往和大学生们，尤其是学生干部结下了深厚的情谊，并在交往与工作中进一步接近大学生、了解大学生、关心大学生，逐步深入到大学生的精神世界。

从大学生角度看，大学生随着对辅导员了解的进一步深入和对其情感的进一步加深，他们逐渐体会到了辅导员的良苦用心，从而产生了对辅导员的亲切感和信任感，进而主动地向辅导员敞开了心扉，使辅导员的言传身教得以有效而顺畅地开展。

　　辅导员要树立以学生为本的教育理念，热爱辅导员这一份特殊的工作，热爱自己的学生，努力提高自身综合素质和理论素养，形成具有个性特点的人格魅力，真正发挥情感优势的作用。

第四节　新媒体时代辅导员发挥大学生思想政治教育主力作用的原则与路径

一、高校辅导员发挥大学生思想政治教育主力作用的原则和要求

（一）高校辅导员发挥大学生思想政治教育主力作用的原则

　　高校辅导员发挥大学生思想政治教育主力作用的原则是：第一，扬长避短；第二，保证教育到位；第三，善于补上缺位；第四，不越位、不错位、不抢位，避免与其他教育者发生"撞车"。

（二）高校辅导员发挥大学生思想政治教育主力作用的要求

　　除了遵循以上几项总原则，高校辅导员还要遵循以下三项要求：

　1.专注主业，有所为、有所不为

　　制约辅导员开展大学生思想政治教育成效的重要因素有四个：

　　第一，辅导员自身的素质与能力以及时间与精力。

　　第二，思想政治教育"思想产品"的数量与质量。

　　第三，当代大学生整体素质及思想观念。

第四，外部社会风气及环境。

辅导员可以决定或选择或改变的是这四个因素中的第一个和第二个因素。辅导员只有利用好这两个可选择、可改变的因素才可能实现教育成效的最优化。总之，辅导员在教育路径选择上，一定要遵循有所为、有所不为的原则，不要四面出击把"战线"拉得太长，而应坚定地专注于自己的主业，这样才更有利于实现辅导员自身的专业化、职业化。

2.以人为本、统筹兼顾

科学发展观的核心是以人为本，科学发展观的根本方法是统筹兼顾。坚持以人为本、统筹兼顾原则，是辅导员在开展大学生思想政治教育中贯彻落实科学发展观的体现。对于高校辅导员来说，以人为本，就是要求辅导员要把促进大学生成长和成才作为一切工作的出发点和落脚点，要尊重、热爱大学生，要相信、依靠大学生，在选择教育路径时要从大学生成长和成才这个根本需求出发，选择那些有利于充分调动大学生自我教育的积极性、主动性、创造性的教育路径，着力促进他们全面发展。"兴趣是最好的老师"，提高大学生参与思想政治教育的积极性和趣味性，最终都要落在大学生身上。以大学生为中心是教育的出发点，也是教育的归宿。一切教育都必须以人为本，思想政治教育更是如此。思想政治教育的对象是大学生，所以必须以他们为出发点，关注他们的思想动态、心理特点、成长规律及变化趋势，关注其特有的思维方式和行为方式。要发挥大学生主体的主动性，贴近学生、贴近生活，开展有针对性的思想政治教育，只有这样才能提高教育的实效性。

3.适合学生特点和教育规律

大学生是一个整体，但每个大学生又都是具有鲜明个性的个体。在对学生开展思想政治教育，尤其是马克思主义意识形态教育时，高校辅导员在不违背社会主义育人方向及意识形态教育规律的大前提下，选择适合他们特点的教育路径，尤其是善于利用新媒体平台，拉近辅导员与大学生的距离，使思想政治教育在新生代大学生面前也能散发出诱人的"芳香"和魅力。

二、高校辅导员发挥大学生思想政治教育主力作用的专业化路径建设

（一）高校辅导员发挥大学生思想政治教育主力作用的专业化路径建设的现实困境

1.高校辅导员队伍的专业地位处于劣势

高校辅导员是一群兼具"教师和干部"双重身份的学校工作者，在教育部门出台关于辅导员队伍建设政策之前，人们对于辅导员的角色定位处于一个比较模糊的层面。大部分人认为辅导员不需要较多的知识储备，专业程度也无须太高，几乎人人都能胜任。因此，高校辅导员队伍专业化建设总是出现参差不齐或走过场的现象，甚至某些院校里辅导员队伍中出现一些教授的家属或无力从事教学工作的人员，高校辅导员队伍的专业地位可想而知。后来，教育部出台了《普通高等学校辅导员队伍建设规定》，并于2017年进行了第32次的修改，这一规定的修改使辅导员这一职位得到了较多的关注。即便如此，人们对于辅导员尤其是高校辅导员的认识仍然不足。2017年，笔者曾对江苏、安徽、河北以及北京地区的20所高等院校开展了一次高校辅导员职业认同现状调查。调查结果显示，

认为辅导员与其他学校工作者同等重要的人占16%，认为辅导员没有工作地位，对学生成长没有帮助的人占32.4%，认为不喜欢辅导员这个工作的占33.4%。由此可知，高校辅导员队伍的专业地位仍处于劣势。

2.高校辅导员队伍的工作性质太过繁杂

高校辅导员是兼具各种身份于一体的学校教育人员，其工作具有复杂性和烦琐性的特点。其中复杂性可以体现在以下四个方面：

第一，辅导员面对的学生是复杂的。每一位学生都有着不同的个性、不同的习惯、不同的思想状态、不同的智力水平、不同的人生经历等，这些都需要辅导员去面对。

第二，辅导员面对的学生相关事务是复杂的。在管理过程中，辅导员需要处理与学生一切有关的事务，这些事务既包括教学中出现的重难点、教育方法和手段等，还包括日常生活中出现的矛盾冲突、不同要求的事务工作等。

第三，辅导员面对的教育环境是复杂的。虽然学校在一定程度上为学生提供了一个相对安全的成长环境，但影响学生健康成长的因素依然很复杂。辅导员需要随时准备解决各种突发性问题和危机问题。

第四，辅导员自身的工作性质是复杂的。要想成为一名优秀的辅导员，需要具备各种优秀的素质，例如清醒的头脑、缜密的思维、冷静的心态以及细致的作风等。

针对辅导员工作复杂性的特点，我们可以了解到辅导员的工作并不简单，辅导员不仅需要拥有很强的工作能力，还需要拥有很全面的工作能力。

辅导员的工作除了具有复杂性的特点，还具有烦琐性的特点。其烦琐性体现在辅导员需要处理所有的事务，工作内容涉及学生的方方面面。只要是有关于学生的事情，辅导员都事无巨细地包揽在自己身上，亲自落实处理，长期奔走于各个部门之间。工作的烦琐性决定了辅导员必须具有一定的分清事务主次的能力，权衡事务的轻重缓急，区分问题的主次矛盾，抓住工作的重心。除此之外，辅导员还应善于发挥班干部的骨干作用，将部分工作放手给学生，有意识地培养学生的自我管理能力和自我服务能力。

3.高校辅导员队伍构成的稳定性不强

首先，辅导员队伍职业意识不坚定。高校辅导员队伍职业意识不坚定是造成高校辅导员队伍构成稳定性不强的原因之一。职业意识不坚定是指辅导员对于自己当前的职业缺乏信心，对职业认可程度不高，对职业没有较高的忠诚度。具体表现为在工作上缺乏目标和方向感，仅仅将工作理解为谋生的手段，甚至在工作了一段时间后就选择放弃等。有调查显示，在"认为自己事业发展前途是否迷茫"的选项中，有近一半的人选择了"比较迷茫"和"非常迷茫"；在"是否愿意长期从事辅导员工作"的选项中，有超过五成的人选择"不愿长期从事，但会干完一个任期"；在"如何看待辅导员从事思想政治工作"的问题中，有三分之一的人认为这是一个没有前途且地位不高的工作，有近三分之二的人认为"走错了路"，还有极少部分人认为这项工作不存在任何的意义，仅仅只是一个谋生的手段而已。这种对工作思想意识的偏差、职业意识的浅薄以及职业意识的不坚定，在很大程度上不利于辅导员队伍的建设。除了辅导员的内在因素，政策与实际待遇的偏差也造成了辅导员严重的心理落差，为辅导员队伍的专业化建设增添了一定的难度。

其次，辅导员队伍人事构成不成熟。作为一个合格的辅导员，不仅要引导学生树立正确的人生观、世界观和价值观，还要对他们进行健康的心理辅导，更要根据形势的变化对大学生出现的各种问题进行针对性的解决。这是一个由外在行为养成到内在心理素质培养的长期过程，需要辅导员积累各种实践经验、完善自己的知识结构、培养沉稳的心态并提升自己的人文素养。辅导员队伍是一个集各种专业、各种学历、各种政治面貌而成的集体，丰富的实践经验对于辅导员来说是非常重要的，也就是说，辅导员队伍需要一个相对成熟的人事结构。

但是在如今的高校辅导员队伍中，那些具有丰富经验的辅导员由于年龄的增长逐渐退出这一岗位，一些年轻人开始接受辅导员这项工作。据不完全统计，在当前的高校辅导员队伍中，从事辅导员工作不超过四年的教师占总数的60%，并且这其中有相当一部分是最近两年开始上岗的辅导员。由此可知，经验不足已经成为当今辅导员队伍的一大特点。

最后，辅导员队伍年龄构成不合理。高校辅导员队伍的年龄构成并不是一种相对合理的状态，呈现出一种年轻化的趋势。辅导员队伍的年轻化确实有着很多优点，辅导员的年龄与学生年龄差距不大，更容易走进学生的生活，理解学生的想法。

年轻的辅导员在精力上更加充沛，可以接受一些工作量较大、工作时间较长的任务。年轻的辅导员还处于一个不断学习和接受新知识的阶段，对新观点的理解和接受能力较强。尽管有这些优势，辅导员队伍年轻化的缺点还是大于优点。如果让一名既缺乏教学经验又缺乏管理经验的大学毕业生担任辅导员一职，就算他受到了所有学生的喜爱又每天工作学习到深夜，但如果不能及时解决问题，为学生提供有价值的帮助，他所做的努力也是没有任何意义的。

（二）高校辅导员发挥大学生思想政治教育主力作用的专业化路径建设的内涵与特点

1.辅导员发挥大学生思想政治教育主力作用的专业化路径建设的内涵

高校辅导员队伍的专业化建设就是指将高校辅导员队伍打造成一支具有高政治水平、精业务能力、严纪律作风的优秀学生教育管理工作队伍。建设专业化的辅导员队伍，不仅要保证辅导员在教学水平方面要专业，还要保证辅导员的管理水平、专业素质水平以及辅导员队伍的构成层次上也应具有专业的结构安排。只有保证了辅导员的专业化，才更有利于辅导员队伍的专业化建设。

2.辅导员发挥大学生思想政治教育主力作用的专业化路径建设的特点

第一，教育性。辅导员队伍专业化建设属于职后教师教育范畴，教育性的特点鲜明。职后教师教育的核心是养成教师的"师道"和"师德"，即辅导员通过专业化建设，"得道"并"树德"。何谓师道？"师道"是指教师的为师之道、为人之道、为学之道、传道之道、爱人之道、育人之道、创新之道。辅导员既要懂得这些"师道"，更要获得这些"师道"。何谓师德？"师德"就是教师必须遵循的职业道德行为规范，包括职业道德原则、职业道德规范、职业道德范畴三个方面。"师德"最直接地显示了教师职业道德的责任、权利与义务。辅导员就是要通过专业化建设，树德铸魂，成为"人师"。另一方面，辅导员队伍专业化建设其实就是专业化教育。由于辅导员光荣而艰巨的崇高使命，他必须完成从一个"职业人"向"专业人"的转变，在教育学生的同时，他自身也要接受教育。

第二，综合性。辅导员队伍的专业化建设是一种综合性的专业化建设，它不局限于某一特定专业领域，而是跨专业的全面建设，这是由辅导员的工作机制和工作职责所决定的。综合性也可理解为凡涉及辅导员承担使命、履行职责所需的相关学科专业知识、能力，辅导员都要学习、掌握和具备，并达到专业化的水平。在这一点上，辅导员队伍的专业化建设要比专职教师的专业化建设要求更高、难度更大、专业面更广。当然，综合性并不排除辅导员专业上的"专向"发展，只是必须以"博"为基础，以"专"为方向，以"精"为目标，以"绝"为最高追求。

第三，目的性。辅导员队伍专业化建设就是为了建设一支"政治强、业务精、纪律严、作风正"的高素质队伍，以承担做学生健康成长的指导者和引路人的光荣使命，目的性非常鲜明。围绕这一目的，辅导员队伍的专业化建设不仅要经常化、制度化，更要长期化。时代在变，环境在变，学生在变，高等教育也在改革、变化中不断前进，辅导员的素质必须适应变化，辅导员要通过专业化建设始终保持与时俱进、不断完善提升的态势。因此，专业化建设未有穷期，未有终点，专业化建设要伴随辅导员职业生涯的全过程。

第四，整体性。辅导员队伍专业化建设既是着眼于提高每个辅导员整体专业化水平的建设，又是着眼于提高整支队伍专业化水平的建设，这两个"整体"缺一不可。前者是基础，后者是结果。没有每个辅导员专业化水平的提高，也就不会有一支专业化水平很高的辅导员队伍。而其中更重要的是，即使是一名辅导员的专业化水平不高，他也会影响到上百名学生的健康成长。在这一点上，辅导员队伍的专业化建设不仅要注重整体，更要注重个体，不能让任何一名辅导员掉队。

第五，实践性。辅导员队伍的专业化建设是立足于实践的，辅导员要在实践中学，在实践中用，在实践中发展地建设。实践性的建设特点，要求辅导员更多地注重在实践中学习，根据实践需要学习，挤时间学习，向实践学习，在实践中不断反思、总结、提高。对于不能用语言、文字、符号进行逻辑说明的知识，辅导员更要在实践中善于领悟，通过辨别、检讨、澄清、解构、重构，以形成独具个性特征的实践智慧。当然，实践性的特点并不排除脱产离岗的"学历"提高性学习，但对于大多数辅导员来说，更多地要在实践中提高专业化水平。

（三）高校辅导员发挥大学生思想政治教育主力作用的专业化路径建设的基本目标

1.促进辅导员个体专业发展与成长

通过辅导员队伍专业化建设，可以促进每一位辅导员的专业发展和成长，造就一批具有专业化水平的辅导员。确立这一目标必须让每一名辅导员都清楚明了，像"靶子"一样矗立在自己的心中。辅导员必须明白，没有自身的专业发展与专业成长，要想很好地履行工作职责，在高校获得合适的专业地位，并实现较高的人生价值是不可能的；没达到一定的专业化水平，要想成为一名称职的辅导员，成为学生健康成长的"指导者"与"引路人"也是不可能的。因此，辅导员需要瞄准"目标"，坚定不移地走专业化之路并付出坚实的努力，朝着既定"目标"百折不挠地前进，以达到专业化水平的理想彼岸。

2.建设高素质的教育管理工作队伍

通过辅导员队伍专业化建设，可以提升辅导员队伍整体的专业化水平，建设一支专业化、高素质的学生教育管理工作队伍，更好地培养出新时代的建设者和中国特色社会主义的接班人。在新的时代里，大学生教育管理面临着更多的新挑战、新情况、新问题，国家、社会、学校、家长也对大学生教育管理赋予许多新使命、新要求、新期待。没有一支专业化、高素质的学生教育管理工作队伍，就难以应对新挑战、解决新问题，也难以承担新使命、达到新要求、实现新期待。更直接的，没有一支专业化、高素质的学生教育管理工作队伍，就难有高校大局的稳定，优良校风的形成，学生的健康成长。因此，辅导员队伍是一支肩负着重任与使命的队伍，是教育管理工作队伍中重要的组成部分。在辅导员队伍建设中，专业化是目标、根本、使命、必由之路，要始终如一，毫不动摇。

（四）高校辅导员发挥大学生思想政治教育主力作用的专业化路径建设的基本任务

1.高校辅导员要强化角色意识，坚持专业化发展方向

从宏观的角色定位来看，辅导员是一个集教师、干部、学生人生导师和知心朋友于一身的人。从微观角色定位来看，辅导员既是辅导员又是管理员，既是服务员又是研究员，既是咨询员又是协调员，既是安全员又是信息员，等等。无论从哪一角度看，辅导员都是兼具多种角色定位的人。因此，必须强化辅导员的角色意识，坚持辅导员的专业化发展。让辅导员成为学生成长路上的"引路人"，这是神圣、光荣而责任重大的角色承担。如果所有辅导员都把角色"聚焦"在这一点上，那么与角色意识紧密相关的自我意识、责任意识、专业意识、角色形象意识、团队合作意识、职业价值意识等都会相伴而生。如"自我意识"，在强化了的"角色意识"引导下，就会经常性地问：我是谁？我怎么样？我尽到了对学生的责任吗？我是学生称职的人生导师吗？我应当如何努力才不辜负我的学生？如此积

极的心理暗示，似有一种无形的牵引力使辅导员更加自律、自觉、自为，进而形成最佳的角色形象。

坚持专业化发展，需要以强化角色意识为基础，坚持专业化发展方向，不要将眼光局限于一般任务的完成，如只把学生管好，不出事就行。做一名称职的教育事业工作者是辅导员最基本的要求，成为专业化的学生教育管理工作者，努力提升自己的专业水平，奠定角色的专业地位才是更深层次的角色强化。在这一点上，方向比行动更为重要，方向正确，行动才有意义，否则，失之毫厘，差之千里。

2.高校辅导员要确立职业信念，培养职业素养

职业信念是一个人对职业的尊崇与向往，表现为对职业的深爱、自豪和自觉的坚定与执着。调查发现，喜欢辅导员这一职业的多，愿意干的人少，"入行"以后不想改行，明确表示忠于这一"职业"的只有25.9%，如此惊人的数据告诉我们，增强辅导员的职业信念已成为刻不容缓的任务。因此，辅导员专业化建设需要坚定辅导员的职业信念，进而培养其职业素养。

辅导员的职业动机是直接推动其从事学生教育管理以满足某种心理需要的内部动力，对辅导员的行为起着定向、激励、维持和调节的作用，于宏观处，影响辅导员的职业信念，于微观处，影响辅导员的情感、态度、效率等，最终会影响辅导员的专业发展与职业形象。

不可否认，现今走进辅导员队伍的人各种职业动机都有，如"暂栖"者、"身在曹营心在汉"者、"就业难无奈选择"者、"作跳板再考高学历"者，当然也不乏很多喜欢、热爱、忠于这一职业的青年大学生，这些喜欢、热爱、忠于这一职业的青年大学生才是这支队伍的中坚力量。因

此，确立职业信念应当先端正职业动机，要教育、引导辅导员认识和解决这样几个基本问题：我为什么选择辅导员这一职业？我选择了这份职业应当怎么办？我应当如何去干好这份职业？动机不纯，职业信念就难以确立。确立职业信念还需注重辅导员的职业认识，职业认识是职业信念的基础，基础不牢，地动山摇。不是所有走入辅导员队伍的人都对辅导员这一职业有全面、透彻的认识与了解，特别是有些辅导员对其工作所具有的要求高、压力大、任务重、挑战性强、面广、线长、事务繁杂等特点还没有深切的认识和体验。因此，解决职业认识问题，就成为确立职业信念重要的环节。认识得清楚、到位，才能确保信念执着、坚定。确立辅导员的职业信念要以教育信念为核心，以对职业的敬仰与热爱为目标，把热爱这职业与热爱教育事业结为一体，把坚定这一职业与坚定的教育信念结为一体，表现出对马克思主义理论、教育理论、教育主张、教育原则、教育价值的确认与信奉。从宏观角度看，辅导员的职业信念主要包括职业观、教育观、学生观、价值观等。从微观角度看，辅导员的职业信念主要表现为教育信念、学习信念、学科专业信念、教师角色信念、学生信念等。

在确立职业信念的基础上，要注重培养辅导员的职业素养。职业素养是一个人从事某一职业最基本的、定型化的素质，既是实现职业理想的基础，又是谋生发展的重要手段。特别是在市场经济条件下，职业素养日益成为一个成功的职业人的必备条件。不同职业有不同的素养要求，但最基本的职业素养，如职业意识、职业情感、职业态度、职业道德、职业价值追求等，是每一位职业人士所必须具备的，特别是作为具有"教师、干部"双重角色身份的辅导员，其职业素养不仅要有高质量，更要有高内涵、高品位，这样才有可能成为一名出色的学生教育管理工作者。

3.高校辅导员要塑造专业精神品格，养成科学思维方式

专业精神与品格是辅导员队伍专业化建设的灵魂与生命。一个人的成长更多是来自精神的影响，一支队伍的成长也需要依赖精神的塑造。专业化建设不仅仅是提高辅导员的师识、师能、师艺水平，更要关注辅导员思想的塑造与完善，并在此基础上形成具有辅导员队伍特色的专业精神与品格。因此，塑造辅导员的专业精神，形成辅导员的专业品格，养成科学思维的方式方法，也是专业化建设的重要任务。

塑造高校辅导员的专业精神与品格，包含七个基本要素：

（1）人性

专业化建设首先是辅导员的自由、全面、和谐发展，体现出人的价值与尊严，在高等教育中有他们准确的角色定位和专业尊严，而不仅仅是通过掌握知识、能力而形成的"工具性"价值，体现出以人为本的精神。

（2）理性

专业化建设是建立在对辅导员专业特征理性认知基础上的专业化建设，是指向性、目的性非常鲜明的专业化建设，它既是辅导员知识技能的形成发展过程，又是辅导员的职业理想、追求、信念、需要、精神、人格的形成、成熟过程。因此，需要辅导员有科学理性精神和开拓创新精神。

（3）自主性

专业化建设是一种自我导向的学习与实践，要想实现专业发展，必须实现专业自主，只有这样，才能确定发展方向，成为"自我学习"的引导者。专业自主性是衡量专业化水平的重要指标，辅导员应当体现出自主学习、自主发展的精神。

（4）专精性

专业建设贵在"专"，但更要"精"，"专"是指成为"内行"，"精"是指成为专家。在专业发展中求"专"、求"精"，应当成为辅导员共同的意识与心理特征，以及务实的行动。因此，辅导员要有学而不止、精益求精的精神。

（5）合作性

专业化建设本身是一个合作发展的过程，它是通过在合作中发展，在发展中合作，提高整个队伍的专业化水平。因此，辅导员应当具有团队合作的精神。

（6）超越性

专业化建设要超越自身的"专业技术"特征，超越社会的世俗功利与浮躁，超越自我的局限与狭隘，进而追求专业的理想、人生的意义、生活的意义、工作的意义。因此，辅导员要有自强不息、不断超越的精神。

（7）终身性

专业化建设伴随辅导员职业生涯的全过程，着眼于辅导员终身的可持续发展，只有精神的铸造才可能为辅导员提供一种终身学习和发展的导向与动力系统。如果辅导员的专业精神是封闭与僵化的，那么他就不可能学习和接受新的东西。因此，辅导员要有终身学习、发展的精神。在塑造辅导员专业精神与品格时，还要注重养成辅导员科学思维的方式方法，辅导员不仅要有高的学历，更要有思想、善思考，要思路活、办法多、举措新，这些都离不开科学思维的方式方法。要加强对辅导员科学思维方式方法的专业训练，使辅导员具备较强的逻辑思维、发散思维、想象思维、聚合思维等方法，并在此基础上，形成具有辅导员工作特色的思维模式和行为方式，使辅导员的工作不仅能遵循规律性、把握根本性、提高针对性、凸显时代性、具有实效性，而且能出新、出彩。

4.高校辅导员要向专业的方向发展，提高知识能力水平

辅导员的专业发展过程是一个从"职业人"转变为"专业人"的发展过程，这一过程中充满了大量且严格的挑战，还对辅导员的专业结构进行了更新。因此，辅导员队伍专业化建设的主要任务之一就是引导辅导员专业发展，提高知识能力水平。

知识能力水平是衡量辅导员专业发展的重要指标，也是衡量专业化水平的重要内涵，专业化建设就是要在辅导员所学专业和原有知识水平的基础上，促进辅导员知识的转移、重学、重组，解决学生教育管理知识所需的问题，解决具体性的知识问题，如德育教育、心理辅导、就业指导、生活指导等方面的问题。

就辅导员的知识结构而言，主要由科学人文知识、学科专业知识、实践知识、缄默知识、前瞻性知识五部分组成。科学人文知识以马克思主义基本理论和中国特色社会主义理论成果、高等教育的基本理论为核心。学科专业知识主要是以思想政治教育专业、心理辅导、就业指导、学习指导、生活指导等相关专业的知识为支撑。实践知识是以在实践中获得的学生教育管理的方式、方法、经验等相关知识为主体。缄默知识主要指隐性的、不可言传，只能自己去体验、感悟的知识。辅导员一旦在自己的实践中建构或创造了这种知识，那么这种知识必将对辅导员的教育行动产生极大的影响，引导辅导员下意识地去行动。如辅导员的观念中存在着"一切为了学生，为了一切学生，为了学生的一切"这种缄默知识，他在实践中就会十分关注学生的幸福感，以高度的责任感和自我奉献精神去行动。前瞻性知识是一种教育的远见卓识和眼光，是一种教育的策略性知识，教育和人才培养必须始终坚持"面向世界，面向未来，面向现代化"。在这种思想指导下，当辅导员遇到困难、缺乏对策时，就会自主去探索问题、寻求对策、解决困惑，有意识地关注教育管理中所发生的一切，并主动探索学生教育的管理规律和模式，构建属于自己的行动知识。可以这样说，辅导员行动知识的获得主要靠与时俱进的思想观念和终身学习的行动态度。

5.高校辅导员要促进自身专业成长，建立价值追求体系

专业成长是指辅导员在专业化建设中或专业生活中的成长，包括其师道、师德的健全，专业精神的巩固、合作意识的形成、职业信心的增强、价值信念的坚定、教育管理技能的提高，对学生教育管理所需要的知识的不断更新、拓展和深化，以及对自己在教育管理实践中为何这样做的原因、意识的不断强化。总之，专业成长意味着辅导员内在专业化水平的提升，成长为一个把工作提升为专业的人，把专业转化为专家的人。辅导员个体的专业成长是群体专业化的基础与保证。因此，促进辅导员的专业成长，建立其价值体系，是专业化建设的基本任务。

辅导员的专业成长，离不开价值追求的引导，建立辅导员的价值追求体系，是专业成长之本。不然，辅导员的专业成长，就会失去方向和目标。辅导员的价值追求体系，包括社会主义核心价值体系、职业价值体系与自我价值体系三个方面，社会主义核心价值体系是辅导员价值追求的灵魂，职业价值体系是价值追求的根本，自我价值体系是价值追求的保证。

6.高校辅导员要建设专业化队伍，提升专业化水平

建设一支专业化的辅导员队伍，提升整个队伍的专业化水平，是辅导员队伍专业化建设永恒不变的主题和使命。但群体的专业化必须以个体的

发展为基础，没有个体的专业水准与专业表现，就没有整体的专业化水平。因此，在专业化建设中，要始终关注辅导员个体的专业发展，采取有力的措施和手段促进个体的专业成长，进而在此基础上提升整个队伍的专业化水平。

（五）高校辅导员发挥大学生思想政治教育主力作用的专业化路径建设的基本方法

1.经常反思总结

反思总结法是指在专业化建设实践中，辅导员不断反思和总结自己的每日工作，不断反思和总结自己的专业发展状况，不断反思和总结自己的师表形象，以不断发现自己专业成长中的问题，不断改正成长中的问题，不断总结成功之处，不断超越自己的方法。

常见的有"过电影反思法""对比反思法""静思反思法"等。"过电影反思法"就是把自己一日、一周、一学期的学习和工作情况像放电影一样过一遍，从中找出成功和不足。"对比反思法"就是将自己做的工作与工作要求进行对比，将自己与同事进行对比，将自己为学生做的事与学生的需要进行对比，看自己哪些方面值得肯定，哪些方面还要继续努力。"静思反思法"就是静下心来进行反思和总结，从内心深处对自己的学习和工作情况进行自我剖析，弄清自己学习和工作中的得与失在哪里。反思总结法是打开专业发展、专业成熟之门的金钥匙，应当成为辅导员的职业习惯。反思使人清醒，总结使人提高。

2.针对案例讨论

案例讨论法是在专业化建设中，选用学生教育管理中的典型案例，通过解剖案例，分析案情，弄清案由，谋划对策，而培养辅导员的科学思维和专业水准，使辅导员能有针对性地解决实际问题，能举一反三地解决类似问题的方法。案例讨论法对提高辅导员的专业化水平具有普遍的意义，这是因为在教育管理的实践中，辅导员会碰到许多共性的问题，解决这些问题的办法也有许多相同之处。案例讨论就可以起到"他山之石，可以攻玉"的作用，即使是某些特殊的个案讨论，也可以让辅导员从中学到许多东西，并加强教育管理的预防性，避免"问题"重演。

3.利用以老带新

以老带新法也可称为导师制，即在专业化建设中选择有丰富学生教育管理经验和副高以上职称的教师或辅导员做导师，对新进入辅导员队伍的人进行传、帮、带，既助其适应角色转换、传授相关经验，又促进其在专业上的发展与自身的成长。以老带新法在实践中有着非常现实的作用与意义。

4.组织课题研究

课题研究法是指在专业化建设中，辅导员通过抽象学生教育管理中重要的理论与实践问题，形成课题并进行研究，寻找或创新解决问题的思路和对策，并建立新的理论和实践体系的方法。

这种方法特别有利于提高辅导员的教科研能力和水平，有利于创新学生教育管理的理论与实践，有利于提高辅导员队伍的专业化水平。当然，要想进行课题研究，辅导员必须掌握教育科研的原则与方法，要进行科学的选题，并遵循基本的科研程序和学术道德，形成学术团队，集思广益，发挥团队的智慧与力量进行"攻关"。

辅导员在进行课题研究时，既要坚持课题从实践中来，在实践中研究，又要接受实践检验的基本思路，以提高科研的针对性和实效性，力争出新成果、新特色。

5.促进学习交流

学习交流法是指专业化建设中采用横向交流、纵向交流、内部交流、外出学习交流、专题交流、教育技能比武交流等多种形式提升辅导员专业水平的方法。学习交流的方法有利于辅导员开阔视野，拓宽思路，相互学习借鉴，相互取长补短，有利于促进先进经验的传播，有利于促进专业的共同提高与发展。

6.开展专题辅导

专题辅导法是指在专业化建设中，选用学生教育管理中所面临的问题以及需要解决的实践问题，形成专题对辅导员进行辅导的方法。例如，如何做好大学生党建工作？如何在大学生中开展社会主义核心价值观教育？如何建设一个和谐的班集体？如何进行大学生心理辅导？这些问题的提出，可以帮助辅导员加深对相关专题的认识和理解，掌握相应的方法，提高解决相应问题的能力。通过专题辅导，不断解决工作中重要的理论与实践问题，不仅可以提高辅导员的理论与实践水平，而且可以拓展工作思路，获得新的工作成果。因此，专题辅导法对辅导员队伍建设具有重要的理论与实践意义，辅导员可以通过"破解"一个个专题而激活思想、掌握理论、精通方法，最终达到提高专业化水平的目标。

7.强化实践锻炼

实践锻炼法是指在专业化建设中，辅导员坚持在实践中学习、在实践中锻炼、在实践中发展、在实践中提高的方法。辅导员专业化水平的提升离不开实践。辅导员仅有广博的知识是不够的，还要在实践中能用、会用、善用这些知识。知识若不能用于指导实践，就是"无用"的知识。

实践不仅可以深化辅导员的职业体验、升华辅导员的职业情感、坚定辅导员的职业信念、加快辅导员的职业成熟，还可以促进知识的有效运用。辅导员通过学用结合，"用""学"互促，在实践中体现出真水平、真才干。实践锻炼还可以让辅导员学到许多书本里没有的知识，在教育管理中学到许多新的东西。

当然，实践中也有许多困难需要辅导员面对，有许多问题需要辅导员解决。实践中，有顺境也有逆境，有成功也有失败，有快乐也有忧愁。失败、忧愁锻炼了辅导员的心智，磨砺了辅导员的意志，增长了辅导员的才干。实践锻炼法是辅导员专业化水平提升的不变之法，常用常新，常用常进。

8.重视考核评价

考核评价法是指在专业化建设中，采用科学合理的考核评价手段来考核和评价辅导员的专业发展状况，营造辅导员专业发展氛围，推进辅导员专业的发展，形成辅导员专业发展竞争机制，提升整个队伍专业化水平的方法。

这种方法对推进辅导员队伍的专业化建设起着十分积极的作用，因为在人的潜意识里，每个人都是不甘落后的，科学合理的考核评价，可以形成有效的激励机制，调动辅导员"不甘人后"的内在动力，进而促进其专业发展。

考核评价法同时是专业化建设中的"指挥棒""孵化器"，指挥、引导辅导员的专业发展，"孵化""催生"专业化的辅导员。如为了提高辅导员的知识水平，可以规定在一定时期内读好几本书，并采用考核评价的方法，提高辅导员的读书质量与效果；为了提高辅导员的教育技能，可以通过技能比武的方式进行考核评价，提高其技能水平。

总之，考核评价应当贯穿专业化建设的全过程，成为辅导员专业发展的"助推器"。

参考文献

[1]冯刚.习近平关于大学生思想政治教育论述的理论蕴涵[J].重庆大学学报(社会科学版),2018,24(03):170-180.

[2]冯刚.互联网思维与思想政治教育创新发展[J].学校党建与思想教育,2018(03):4-8.

[3]冯刚.思想政治理论课与日常思想政治教育协同育人的理论思考[J].学校党建与思想教育,2017(21):18-23.

[4]石书臣.同向同行：高校思想政治教育协同创新的课程着力点[J].思想理论教育,2017(07):15-20.

[5]李晓莉.思想政治教育协同创新研究[D].兰州：兰州大学,2016.

[6]王双阳,张景书.新媒体时代大学生思想政治教育工作的协同创新[J].继续教育研究,2015(01):83-84.

[7]刘胜君.大众传媒的思想政治教育功能研究[D].北京：北京交通大学,2014.

[8]叶燊.新媒体时代大学生思想政治教育价值理念创新研究[J].伦理学研究,2014(01):131-134.

[9]董召勤.新媒体时代大学生思想政治教育创新[J].学校党建与思想教育,2013(25):46-47+65.

[10]季海菊.基于新媒体环境下的大学生思想政治教育研究[D].南京：南京师范大学,2013.

[11]杨志群.网络时代大学生思想政治教育面临的挑战及对策[J].教育探索,2012

(09):139-140.

[12]冯刚.党的十六大以来大学生思想政治教育的创新与发展[J].中国高等教育,2012(18):8-11.

[13]李文政.网络时代思想政治教育面临的机遇和应对措施[J].山东省青年管理干部学院学报,2003(01):59-60.

[14]穆尔.赛博空间的奥德赛[M].麦永雄译.桂林：广西师范大学出版社,2007.

[15]波斯特.信息方式：后结构主义与社会语境[M].范静哗译.北京：商务印书馆,2000.

[16]王学俭,刘强.新媒体与基于新媒体环境下的大学生思想政治教育[M].北京：人民出版社,2012.

[17]王虹,刘智.新媒体时代基于新媒体环境下的大学生思想政治教育创新研究[M].北京：中国社会科学出,2012.

[18]蔡帼芬.媒介素养[M].北京：中国传媒大学出版社,2005.

[19]成长春.网络思想教育新论[M].开封：河南大学出版社,2006.

[20]宫承波.新媒体概论[M].北京：中国广播电视出版社,2009.

[21]韦伯斯特.信息社会理论[M].曹晋译.北京：北京大学出版社,2011.

[22]尼葛洛庞帝.数字化生存[M].胡泳,范海燕译.海口：海南出版社,1997.

[23]欧阳友权.数字媒介下的文艺转型[M].北京：中国社会科学出版社,2011.